U0711003

道路路面测试技术

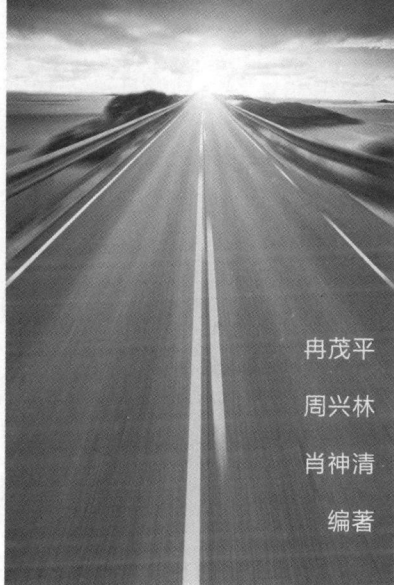

冉茂平

周兴林

肖神清

编著

清华大学出版社

北京

内 容 简 介

本书是一本专门介绍道路路面项目测试技术的教材。主要介绍路面工程测试技术理论基础知识、测量数据分析与处理、沥青混合料常用指标检测、路面平整度测量、路面构造深度测量、路面摩擦系数测量、路面形貌测量与重构、路面应力测量、路面其他指标测量。书中各章均附有复习思考题。

本书在撰写过程中参考了我国新颁布的相关规程、规范与标准,既可作为高等院校交通工程、道路与桥梁工程等专业本科生及研究生教材,也可供道路工程施工、养护等相关专业工程技术人员学习参考。

图书在版编目(CIP)数据

道路路面测试技术/冉茂平,周兴林,肖神清编著.—北京:清华大学出版社,2021.11
ISBN 978-7-302-59336-2

Ⅰ. ①道… Ⅱ. ①冉… ②周… ③肖… Ⅲ. ①路面－道路工程－检测－高等学校－教材
Ⅳ. ①U416.2

中国版本图书馆 CIP 数据核字(2021)第 208583 号

责任编辑:许 龙
封面设计:傅瑞学
责任校对:赵丽敏
责任印制:沈 露

出版发行:清华大学出版社
　　　　网　　　址:http://www.tup.com.cn,http://www.wqbook.com
　　　　地　　　址:北京清华大学学研大厦 A 座　　　邮　　编:100084
　　　　社 总 机:010-62770175　　　　　　　　　邮　　购:010-62786544
　　　　投稿与读者服务:010-62776969,c-service@tup.tsinghua.edu.cn
　　　　质量反馈:010-62772015,zhiliang@tup.tsinghua.edu.cn
印 装 者:小森印刷霸州有限公司
经　　销:全国新华书店
开　　本:185mm×230mm　　印 张:11　　插 页:3　　字　　数:234 千字
版　　次:2021 年 11 月第 1 版　　　　　　　　　印　　次:2021 年 11 月第 1 次印刷
定　　价:45.00 元

产品编号:092605-01

前　言

　　道路基础设施建设是我国国民经济发展的基础,也是道路交通运输能力提升的重要环节。随着国民经济水平的提高以及交通事业的快速发展,汽车保有量不断增加,这对我国道路质量及网络的建设与完善提出了更高的要求。目前我国道路建设进入建养并重的阶段,在道路建设与使用过程中利用检测技术及时发现工程中的质量问题,采取积极有效的养护措施,是确保道路使用性能和安全性能的重要手段。

　　本书打破传统道路(公路)工程检测技术系列教材将路面工程、路基工程、桥隧工程测试纳为一体的结构体系,针对道路路面工程检测项目,介绍道路路面工程项目检测理论、方法、仪器与技术,是一本专门介绍道路路面测试技术的教材。本书内容不仅涵盖了常规路面项目的测试理论、方法与技术,并且首次阐述了路面形貌、胎-路接触三轴应力的测量理论与方法,反映了交通学科最新发展与前沿动态。本书在编写过程中遵循"教材内容设置与专业培养对象、培养能力以及社会需求相协调"的原则,内容从常规路面指标的检测上升到路面性能的检测,测试手段上不仅注重可操作性、实践性强的测试方法,同时也引入理论性强的先进理论及方法,注重培养学生不断探索知识、开拓研究思路、提升学术研究水平的创新能力。

　　全书共分 10 章,第 1 章绪论,主要介绍路面检测的意义、主要检测项目、常用检测方法以及路面检测评定的规范、规程与标准等。第 2 章路面工程测试技术理论基础,主要介绍常用检测方法、检测传感器与检测技术。第 3 章测量数据分析与处理,主要介绍测量数据质量控制理论、数据抽样检验以及实用数据的处理方法。第 4 章沥青混合料常用指标检测,主要介绍沥青混合料中沥青含量检测、马歇尔稳定度试验、车辙试验、水稳定性试验与劈裂强度试验。第 5 章路面平整度测量,主要介绍平整度的 3m 直尺测量、连续式平整度仪、车载式颠簸累积仪与车载式激光平整度仪测量方法。第 6 章路面构造深度测量,主要介绍手工铺砂法、电动铺砂法、车载式激光构造深度仪与图像法测量路面构造深度。第 7 章路面摩擦系数测量,主要介绍摆式仪、横向力系数测试法测量路面摩擦系数,并对路面纵横向摩擦系数关系进行研究。第 8 章路面形貌测量与重构,主要介绍路面形貌的分类、常见的形貌特征参数与计算方法、路面纹理测量方法、路面形貌三维重构理论与方法。第 9 章路面应力测量,主要介绍路面应力测量理论、路面应力测量仪器与胎-路接触三轴应力动力响应数值模拟。第 10 章路面其他指标测量,主要介绍路面渗水系数、路面厚度、路面破损以及路面车辙的测量与检测方法。本书第 1、5、6、7 章由冉茂平撰写,第 2、8、9 章由周兴林撰写,第 3、4、10 章由肖神清撰写。全书由冉茂平统稿、定稿。

现代检测技术与手段发展迅速,限于笔者的水平与实践经验,书中不妥和错误之处在所难免,恳请读者批评指正。

作 者

2021 年 6 月

目　录

第 1 章

绪 论

1.1 路面检测的意义

公路基础设施建设是我国国民经济发展的基础,也是公路运输能力提升的关键环节。随着国民经济水平的提高以及交通事业的快速发展,我国汽车保有量不断增加,这对我国公路质量及公路网络的建设与完善提出了更高的要求。然而,由于我国公路网络新旧道路交织,工程数量众多,加之早期公路建设不规范、管理存在纰漏,公路工程存在着大大小小的质量问题,路面破坏、道路使用寿命短等工程事故频繁发生。要解决这些问题,就要求我们通过公路检测技术及时发现工程中的质量问题,采取积极有效的补救方案,确保公路的使用性能和安全性能。

路面在使用过程中,随着时间的推移,在荷载和环境因素的影响作用下,路面状况不断恶化,而且随着使用时间和轴载作用次数的增加,其使用性能将明显下降,影响行车舒适性与安全性。影响道路性能最重要的两个方面是道路路面和道路路基各自的性能,因此评价城市各级道路的性能就从路面和路基的性能评价和测试技术入手。在我国,水泥混凝土路面是较早的路面结构形式。水泥混凝土路面由于施工、运输和养护等因素,易出现板体裂缝、断板、翻浆、错台、边角缺陷等一系列破坏,急需采取养护和改造措施以恢复其功能。据不完全统计,我国有 1/3 的水泥路面和 1/5 的沥青路面面临改造和加铺,这些路面由于结构、施工、气候及交通荷载等因素不同,损坏的状况、原因也不一样,如果对损坏缺乏充分的了解,或者不采用多种现代化的检测手段,路面的修补不可能取得良好的成效。因此,在合理的养护修补前,必须对路面相关项目进行检测,同时对检测数据进行系统、客观、全面的评定,以保证路面性能的良好。

1.2　路面主要检测项目

公路路面检测项目主要有路面平整度检测、路面构造深度检测、路面摩擦系数检测、路面形貌检测、路面应力检测以及路面其他项目检测等。

1. 路面平整度

路面平整度可定义为路面表面诱使行驶车辆出现振动的高程变化,它关系到车辆行驶的舒适度、运行速度和运行安全,是路面使用性能的一项重要指标。平整度检测贯穿于路面施工质量检测、评定、验收及运营期路面质量检测等环节,其检测设备、原理和方法多种多样,检测结果因检测设备不同而有较大差异。

2. 路面构造深度

路面构造深度(Texture Depth,TD),又称纹理深度,指一定面积的路面表面凹凸不平的开口孔隙的平均深度。主要用于评定路面表面的宏观粗糙度、排水性能及抗滑性。

3. 路面摩擦系数

路面摩擦系数主要反映在车辆行驶中路面所提供的横向或纵向制动性能。路面摩擦系数又可以分为纵向摩擦系数和横向摩擦系数。纵向摩擦系数决定车辆在刹车时的滑行距离,良好的纵向摩擦系数对避免追尾交通事故的发生有决定作用;横向摩擦系数影响车辆的方向控制能力,良好的横向摩擦系数可减少弯道侧滑引起的交通事故。

4. 路面形貌

路面形貌在公路研究领域一般表述为路面纹理,一般指路表面构造特性。国际道路协会常设委员会(Permanent International Association of Road Congresses,PIARC)根据纹理平面尺寸和高度方向的尺寸表征集合特征,将其分为微观纹理(micro-texture)、宏观纹理(macro-texture)、粗大纹理(mega-texture)和不平度(roughness)。沥青路面的抗滑性能主要由路面的微观纹理和宏观纹理决定。路面表面形貌的测量与研究,对研究沥青路面抗滑性有重要影响。

5. 路面应力

路面作为交通荷载的载体,主要承受随机车辆荷载的作用。这种车辆荷载,不仅体现为垂直应力作用,还包括水平剪应力作用;不仅有静态荷载作用,还时常体现为动态荷载作用。

6. 路面其他项目

包括路面渗透系数、路面厚度、路面破损以及路面车辙的检测。

1.3　路面检测方法

1. 人工检测法

我国道路检测技术从"七五"计划开始,已经陆续开展了路面检测技术的研究和产品的研发,但发展较为缓慢。传统的路面检测基本以人工检测法为主,例如,3m 直尺法测量平整度、横断面尺或线绳法测量车辙、贝克曼梁法测量弯沉、手工法测量抗滑性能等。这些传统的人工方法不仅费时费力,而且影响正常交通,不能适应公路特别是高速公路快速发展的要求。

2. 半自动化检测

半自动化检测方法的特点是应用计算机来控制检测设备机械部分的动作,将测量数据实时存储到计算机硬盘,并以一定的间隔对数据进行分析和计算。例如,连续式平整度仪、车辙测试方法等。但检测速度和效率还是不高。

3. 自动化检测

随着计算机技术的广泛应用,计算机与电子、机械、通信和数学的紧密结合使路面检测设备更加智能、高效。新的技术也不断应用到路面检测中,如超声技术、激光技术、探地雷达技术等,这些高新技术硬件产品和软件算法的广泛应用,不断推动着检测技术和设备向前发展。例如,基于计算机技术应用的车载式颠簸累积仪法测平整度;基于激光技术应用的激光平整度仪法测平整度、车载式激光构造深度仪法测构造深度与多激光连续测试法测车辙等;基于探地雷达技术应用的路面厚度检测等。

1.4　路面检测评定依据

公路工程检测的依据是设计文件、国家试验规程、规范、标准等,特殊情况下也可由用户提供检测要求,公路工程试验检测规程主要有:

公路土工试验规程(JTG E40—2007)

公路沥青及沥青混合料试验规程(JTG E20—2011)

公路工程水泥及水泥混凝土试验规程(JTG E30—2005)

公路工程岩石试验规程(JTG E41—2005)

公路工程水质分析操作规程(JTJ 056—84)

公路工程无机结合料稳定材料试验规程(JTG E51—2009)

公路工程集料试验规程(JTG E42—2005)

公路路基路面现场测试规程(JTG E60—2008)

公路土工合成材料试验规程(JTG E50—2006)

公路工程技术标准(JTG B01—2003)

公路工程质量检验评定标准(JTG F80—2004)

公路水泥及水泥混凝土路面施工技术规范(JTG E30—2003)

公路路基设计规范(JTG D30—2004)

公路沥青路面设计规范(JTG D50—2006)

公路路基施工技术规范(JTG F10—2006)

公路路面基层施工技术规范(JTJ F10—2006)

公路沥青路面施工技术规范(JTG F40—2004)

公路水泥混凝土路面滑模施工技术规范(JTJ/T 037.1—2000)

公路工程地质勘察规范(JTJ 064—98)

另外,与试验检验有关的标准还有其他的相关公路工程施工及设计规范等,在此不再赘述。

复习思考题

1. 路面检测的意义是什么?
2. 水泥混凝土路面常出现哪些破坏形式?
3. 什么是路面构造深度?
4. 我国现在路面检测项目有哪些?
5. 目前的路面检测方法有哪些?

第 2 章

路面工程测试技术理论基础

2.1 概述

随着公路交通事业的快速发展,公路路面使用质量要求不断提高,利用快速、科学先进的现场检测技术,有效控制和评价路面施工质量与使用性能,引起了越来越多的重视。

在科学技术高度发达的现代社会中,人类已进入瞬息万变的信息时代。人们在从事工业生产和科学实验等活动时,主要依靠对信息资源的开发、获取、传输和处理。传感器处于研究对象与测控系统的接口位置,是感知、获取与检测信息的窗口。一切科学实验和生产过程,特别是自动检测和自动控制系统要获取的信息,都要通过传感器将其转换为容易传输与处理的电信号。

在工程实践和科学实验中提出的检测任务是正确、及时地掌握各种信息,大多数情况下是要获取被测对象的信息,如被测量的大小。这样,信息采集的主要含义就是测量,以取得测量数据。

"测量系统"这一概念是传感技术发展到一定阶段的产物。在工程中,需要传感器与多台仪表组合在一起,才能完成信号的检测,这样便形成了测量系统。尤其是随着计算机技术及信息处理技术的发展,测量系统所涉及的内容也不断得以充实。为了更好地掌握传感器,需要对测量的基本概念、测量系统的特性、测量误差及数据处理等方面的理论及工程方法进行学习和研究,只有了解和掌握了这些基本理论,才能更有效地完成检测任务。

2.1.1 测量

测量是以确定被测量的值为目的的一系列操作。所以,测量也就是将被测量与同种

性质的标准量进行比较,确定被测量对标准量的倍数。它可由下式表示:

$$x = nu \tag{2-1}$$

$$n = \frac{x}{u} \tag{2-2}$$

式中:x 为被测量值;u 为测量标准及测量单位;n 为比值(纯数),含有测量误差。

由测量获得的被测量的值称为测量结果,测量结果可用一定的数值表示,也可用一条曲线或某种图形表示,但无论其表现形式如何,测量结果应包括比值和测量单位。测量结果仅仅是被测量的最佳估计值,并非真值,所以还应给出测量结果的质量,即测量结果的可信程度。因此,测量结果的完整表述应包括估计值、测量单位及测量不确定度。

被测量值和比值等都是测量过程的信息,这些信息依托于物质才能在空间和时间上进行传递。被测量作用到实际物体上,使其某些参数发生变化,这些变化承载了信息而成为信号。选择其中适当的参数作为测量信号,例如,热电偶温度传感器的工作参数是热电偶的电势,差压流量传感器中的孔板工作参数是差压 Δp。测量过程就是传感器从被测对象获取被测量的信息,建立起测量信号,经过变换、传输、处理,从而获得被测量值的过程。

2.1.2　检测方法

实现被测量与标准量比较而得出比值的方法,称为测量方法。针对不同测量任务,进行具体分析,找出切实可行的测量方法,对测量工作是十分重要的。

对于测量方法,从不同角度有不同的分类方法。按照获得测量值的方法可以分为直接测量、间接测量和组合测量三种;按照测量方式可分为偏差式测量、零位式测量和微差式测量;按照测量条件不同可分为等精度测量和不等精度测量两种;按照被测量变化快慢可分为静态测量和动态测量两种;按照测量敏感元件是否与被测介质接触可分为接触式测量和非接触式测量;按照测量系统是否向被测对象施加能量可分为主动式测量和被动式测量两种。

1. 按照获得测量值的方法分类

1) 直接测量

在使用仪表或传感器进行测量时,测得值直接与标准值进行比较,不需要进行任何运算,直接得到被测量的数值,这种测量方法称为直接测量。被测量与测得值之间的关系可用下式表示:

$$y = x \tag{2-3}$$

式中:y 为被测量的值;x 为直接测得值。

例如,用磁电式电流表测量电路的某一支路电流,用弹簧管压力表测量压力等,都属于直接测量。直接测量的优点是测量过程简单、迅速,缺点是测量精度不是很高。

2) 间接测量

在使用仪表或传感器进行测量时,首先对与被测量有确定函数关系的几个量进行直接测量,将直接测量所得值代入函数关系式,经过计算得到所需要的结果,这种测量方法称为间接测量。间接测量与直接测量不同,被测量 y 是一个测得值 x 或几个测量值 x_1, $x_2, \cdots, x_n$ 的函数,即

$$y = f(x) \tag{2-4}$$

或

$$y = f(x_1, x_2, \cdots, x_n) \tag{2-5}$$

被测量 y 不能直接测量求得,必须由测得值 x 或 $x_i(i=1,2,\cdots,n)$ 及其与被测量 y 的函数关系确定,直接测量电压值 U 和电阻值 R,根据公式 $P = U^2/R$ 求电功率 P 即为间接测量的实例。间接测量过程较多,花费时间较长,一般用在直接测量不方便,或缺乏直接测量手段的场合。

3) 组合测量

若被测量必须经过求解联立方程组而得,如有若干个被测量 $y_1, y_2, \cdots, y_m$,直接测得值为 $x_1, x_2, \cdots, x_n$,把被测量与测得值之间的函数关系列成方程组,即

$$\left. \begin{cases} x_1 = f_1(y_1, y_2, \cdots, y_m) \\ x_2 = f_2(y_1, y_2, \cdots, y_m) \\ \qquad\qquad \vdots \\ x_n = f_n(y_1, y_2, \cdots, y_m) \end{cases} \right\} \tag{2-6}$$

方程组中方程的个数 n 要大于被测量 y 的个数 m,用最小二乘法求出被测量的数值,这种测量方法称为组合测量。组合测量是一种特殊的精密测量方法,操作过程复杂,花费时间长,多适用于科学实验或特殊场合。

2. 按照测量方式分类

1) 偏差式测量

用仪表指针的位移(即偏差)确定被测量的量值,这种测量方法称为偏差式测量。应用这种方法测量时,仪表刻度事先用标准器具分度,在测量时,按照仪表指针在标尺上的示值确定被测量的值。偏差式测量的测量过程简单、迅速,但测量结果的精度较低。

2) 零位式测量

用指零仪表的零位反映测量系统的平衡状态,在测量系统平衡时,用已知的标准量确定被测量的值,这种测量方法称为零位式测量。在零位式测量时,将已知标准量与被测量相比较,已知标准量应连续可调,在指零仪表指零时,被测量应与已知标准量相等。例如,天平测量物体的质量、电位差计测量电压等都属于零位式测量。零位式测量的优点是可

以获得比较高的测量精度,但测量过程比较复杂,费时较长,不适用于测量变化迅速的信号。

3) 微差式测量

微差式测量是综合了偏差式测量和零位式测量的优点而提出的一种测量的方法。它将被测量与已知的标准量进行比较,获得差值后,再用偏差法求得此差值。设 N 为标准量,x 为被测量,Δ 为二者之差,即 $x = N + \Delta$。由于 N 是标准量,其误差很小,因此可选用高灵敏度的偏差式仪表测量 Δ,即使测量 Δ 的精度不高,但总的测量精度仍很高。微差式测量的优点是反应快,而且测量精度高,特别适用于在线控制参数的测量。

3. 按照测量条件分类

1) 等精度测量

在整个测量过程中,若影响和决定误差大小的全部因素(条件)始终保持不变,如由同一个测量者、用同一台仪器、用同样的方法、在同样的环境条件下、对同一被测量进行多次重复测量,称为等精度测量。在实际中,极难做到影响和决定误差大小的全部因素(条件)始终保持不变,所以一般情况下只近似认为是等精度测量。

2) 不等精度测量

有时在科学研究或高精度测量中,往往在不同的测量条件下,用不同精度的仪表、不同的测量方法、不同的测量技术及不同的测量者进行测量和对比,这种测量称为不等精度测量。

4. 按照被测量变化快慢分类

1) 静态测量

若被测量在测量过程中认为是固定不变的,对这种被测量进行的测量称为静态测量。静态测量不需要考虑时间因素对测量的影响。

2) 动态测量

若被测量在测量过程中是随时间不断变化的,则对这种被测量进行的测量称为动态测量。

2.1.3　检测误差

检测误差是测得值减去被测量的真值。

由于真值往往未知,因此检测的目的是希望通过检测获取被测量的真实值。但由于种种原因,例如,传感器本身性能不是十分优良、测量方法不是十分完善、有外界干扰的影响等,造成被测量的测得值与真实值不一致,因而测量中总是存在误差。由于真值未知,所以在实际中,有时用约定真值代替真值,常用某量的多次测量结果来确定约定真值。

在工程技术及科学研究中,对被测量进行检测时,测量的可靠性至关重要,不同场合对检测结果可靠性的要求也不同。例如,在量值传递、经济核算、产品检验等场合应保证测量结果有足够的准确度。当测量值用作测量信号时,要注意测量的稳定性和可靠性。因此,测量结果的准确程度,应与测量的目的和要求相联系、相适应,那种不惜工本、不顾场合、一味追求越准越好的做法是不可取的,要有技术与经济兼顾的意识。

1. 检测误差的表示方法

检测误差的方法有多种,含义各异。

1) 绝对误差

绝对误差可用下式定义:

$$\Delta = x - L \tag{2-7}$$

式中:Δ 为绝对误差;x 为测量值;L 为真值。绝对误差有正、负之分,也是有量纲的。

在实际检测过程中,有时要用到修正值,修正值是与绝对误差大小相等、符号相反的值,即

$$c = -\Delta \tag{2-8}$$

式中:c 为修正值,通常用高一等级的测量标准或标准仪器获得修正值。

利用修正值可对测量值进行修正,从而得到准确的实际值,修正后为

$$x' = x + c \tag{2-9}$$

修正值给出的方式,可以是具体的数值,也可以是一条曲线或公式。

采用绝对误差表示测量误差,不能很好地说明测量质量的好坏。例如,在温度测量时,绝对误差 $\Delta = 1℃$,对体温测量来说是不允许的,而对钢水测量温度来说却是极好的测量结果,所以用相对误差可以比较客观地反映测量的准确性。

2) 实际相对误差

实际相对误差的定义由下式给出:

$$\delta = \frac{\Delta}{L} \times 100\% \tag{2-10}$$

式中:δ 为实际相对误差,一般用百分数给出;Δ 为绝对误差;L 为真值。

由于被测量的真值 L 无法知道,故实际测量时用测量值 x 代替真值 L 进行计算,这个标准误差称为标称相对误差,即

$$\delta = \frac{\Delta}{x} \times 100\% \tag{2-11}$$

3) 引用误差

引用误差是仪表中通用的一种误差表示方法。它是相对于仪表满量程的一种误差,又称为满量程相对误差,一般也用百分数表示,即

$$\gamma = \frac{\Delta}{测量范围上限 - 测量范围下限} \times 100\%$$ (2-12)

式中：γ 为引用误差；Δ 为绝对误差。

仪表精度等级是根据最大引用误差来决定的。例如，0.5 级表的引用误差的最大值不超过 $\pm 0.5\%$；1.0 级表的引用误差的最大值不超过 $\pm 1\%$。

在使用仪表和传感器时，经常会遇到基本误差和附加误差两个概念。

4）基本误差

基本误差是指传感器或仪表在规定的标准条件下所具有的误差。例如，某传感器是在电源电压（220 ± 5）V、电网频率（50 ± 2）Hz、环境温度（20 ± 5）℃、湿度（65 ± 5）% 的条件下标定的，如果该传感器在这个条件下工作，则其所具有的误差为基本误差。仪表的精度等级就是由基本误差决定的。

5）附加误差

附加误差就是指传感器或仪表的使用条件偏离额定条件下出现的误差，如温度附加误差、频率附加误差、电源电压波动附加误差等。

2. 检测误差的性质

根据检测误差中误差所呈现的规律及产生的原因，可将其分为系统误差、随机误差和粗大误差。

1）随机误差

在同一测量条件下，多次测量被测量时，其绝对值和符号以不可预定的方式变化着的误差称为随机误差。

我国新制定的国家计量技术规范 JJF 1001—2011《通用计量术语及定义》中，根据国际标准化组织（ISO）等七个国际组织制定的《测量不确定度表示指南》对随机误差进行定义，即随机误差是对同一被测量由无穷多次重复测量得到的平均值之差。重复性条件包括：相同的测量程序，相同的观测者，在相同的条件下使用相同的测量仪器，相同的地点，在短时间内重复测量。随机误差可用下式表示：

$$随机误差 = x_i - \bar{x}_\infty$$ (2-13)

式中：x_i 为被测量的某一个测量值；$\bar{x}_\infty$ 为重复性条件下无限多次的测量值的平均值，即

$$\bar{x}_\infty = \frac{x_1 + x_2 + \cdots + x_n}{n} \quad (n \to \infty)$$ (2-14)

由于重复测量实际上只能测量有限次，因此实用中的随机误差只是一个近似估计值。

由于随机误差不能用简单的修正值来修正，当测量次数足够多时，随机误差就整体而

言,服从一定的统计规律,通过对测量数据的统计处理可以计算随机误差出现的可能性的大小。

2）系统误差

在同一测量条件下,多次测量被测量时,其绝对值和符号保持不变,或在条件改变时,按一定规律(如线性、多项式、周期性等函数规律)变化的误差称为系统误差。前者为恒值系统误差,后者为变值系统误差。

在我国新制定的国家计量技术规范 JJF 1001—2011《通用计量术语及定义》中,对系统误差的定义是,在重复性条件下对同一被测量进行无限多次测量所得结果的平均值与被测量的真值之差。系统误差可用下式表示:

$$系统误差 = \bar{x}_{\infty} - L \tag{2-15}$$

式中: L 为被测量的真值。

因为真值不能通过测量获知,所以通过有限次测量的平均值 $\bar{x}$ 与 L 的约定真值近似地得出系统误差,称为系统误差的估计,再用得出的系统误差对测量结果进行修正。但由于系统误差不能完全获知,因此只能通过修正值有限程度地补偿。

引起系统误差的原因复杂,如测量方法不完善,零点未调整,采用近似的计算公式,测量者的经验不足等。对于系统误差,首先要查找误差根源,并设法减小或消除,而对于无法消除的恒值系统误差,可以在测量结果中加以修正。

3）粗大误差

超出在规定条件下预期的误差称为粗大误差,粗大误差又称为疏忽误差。这类误差的发生是由测量者疏忽大意,测错、读错或环境条件的突然变化等引起的。含有粗大误差的测量值明显地歪曲了客观现象,故含有粗大误差的测量值称为坏值或异常值。

在数据处理时,要采用的测量值不应该包含有粗大误差,即所有的坏值都应当剔除。所以,进行误差分析时,要估计的误差只有系统误差和随机误差两类。

2.2　路面传感器

路面传感器在公路领域有很重要的应用,如可以为公路气象站服务,远程监控特定地点,全天候、方便、快速、准确地提供路面路况信息。路面环境状况的全面评估可以大大提高交通安全系数。随着我国高速公路建设的推进,路面传感器市场前景广阔。国外有很多关于路面传感器方面的研究,某些传感器已经商业化生产。目前我国路面传感器市场主要被国外企业垄断,实现路面传感器国产化,研究出适合我国国情的路面检测系统正是我们孜孜追求的目标。

2.2.1　概述

顾名思义,路面传感器是指用于检测路面状况的传感器。具体来说,路面传感器用于检测路面的各种参数,包括路面覆盖物(干燥、潮湿、覆冰、覆雪、凝霜等)、路面水膜厚度或冰层厚度、路面温度、路面盐度和冰点。通过检测这些参数,实时监控特定地点,如桥梁、机场、高速公路及问题地段等,全天候地对路面状况进行监测,便于道路管理者进行决策及对道路的维护运营,从而能够成功地进行路面气象管理,有效提高道路交通安全。在危险情况多发和全年气候复杂的地区,路面状况参数是决策中不可缺少的重要依据。

目前西方一些国家正在或已经建立起了完整的气象传感系统,通常称为道路气象信息系统(road weather information system,RWIS)。RWIS由许多部分组成,集成多种精确的气象传感器、道路检测器及车辆检测器,通过对天气状况、路面状况、交通车流、空气环境的不间断监控,获取实时数据,分析处理后以多种方式(动态信息屏(VMS)、道路广播系统(HAR)等)向外界发布道路气象信息,为交通管理者、出行者及时做出决策以应对恶劣天气的影响服务。RWIS还可以自动触发紧急处理预案,如道路防结冰喷射系统、黄闪警示板等,减少恶劣天气对交通的不利影响。以美国阿拉斯加运输部和公共设施(Alaska Department of Transportation and Public Facilities,ADOTPF)经营的RWIS为例,该系统由以下几部分组成:

(1) 路面传感器:用来测量道路表面状态和地表下的温度。

(2) 气象传感器:用来测量空气温度、露点温度、相对湿度、风速、风向、降水发生、积雪深度及河流水量。

(3) 闭路摄像机:用于记录路面冰雪控制及人流量信息。

RWIS研究的内容包括传感器的选择、安装位置的选择、RWIS的养护以及RWIS如何融入到公路管理信息系统之中。传感器的选择主要是评价不同类型及精度的传感器对于数据采集的有效性。RWIS需要采集的数据包括可见度、路面温度、地表温度、风速、风向、气温。因此传感器类型主要包括:风速风向检测仪,主要用于雾较多的地区,为管理部门提供管理依据,也可以为出行的司机提供参考,国外主要使用红外检测设备进行检测;路表检测仪(即路面传感器),主要用于检测道路表面的路表温度、结冰情况和干湿度,为管理部门的决策提供依据;温度、湿度检测仪,温度和湿度数据对于RWIS非常重要,因为根据温度和湿度数据可以预测、检测路面范围内是否有雾;其他检测设备,包括日常检测设备和地表温度检测设备。这些设备的使用与否要根据实际情况。选择正确的安装位置十分的重要,安装位置选择不合理会导致设备工作在恶劣的条件下,数据测量出现错误,还有可能导致设备的损坏,最终导致安装费用和运营费用的增加。RWIS的养护主要研究的是如何使设备能够正常工作,降低设备出现故障的概率,研究的重点主要在远程管理上。

目前，基于地理信息的高速公路信息管理系统已经引入高速公路管理之中，因此在开发 RWIS 时，必须考虑高速公路信息管理系统的开发情况，在框架之内进行相应的开发。

路面传感器是道路气象信息系统的重要组成部分。路面传感器的作用决定了其为智能传感器，即具备同时检测多种不同化学量和物理量的功能，并给出能够比较全面反映物质运动规律的信息，而且具备计算功能和自补偿的能力、自诊断和自检功能、信息智能存储和传输、数字信息输出等智能传感器的共同功能。此外，路面传感器需要有以下的功能特点：能够采集特殊路段的状态数据、准确检测道路表面的温度和干燥潮湿状态、通过专用接口和协议组成一个网络、在道路表面即将结冰时给出预警信息、能与上机位进行通信、适合长时间运行、基本无须维护、对公路交通运输的影响较小。

2.2.2 路面传感器的发展现状

目前国内对路面传感器的研究较少，主要依赖进口，市场上的路面传感器基本上被欧美发达国家所垄断。西方国家通过多年的技术积累和研发，形成了比较成熟的产业链，也出现了一些比较知名的品牌。目前市场上常见的路面传感器主要有德国 Lufft 公司的 IRS21、IRS31 路面传感器，芬兰 Vaisala 公司的 SSIFP2000、Sensit 路面传感器，美国 QTT（Quixote Transportation Technology, Inc）公司的 DRS511、DSC111 路面传感器。下面对以上公司具有代表性的路面传感器进行介绍。

Lufft 公司的 IRS21 路面传感器（图 2-1），其采用全被动工作方式，嵌入在路面之中，同时，它也是坎贝尔（Campbell）道路气象信息系统的重要组成部分。通过 RS-485 接口可将 IRS21 接入道路气象信息系统。一套标准道路信息气象站应包含 2 个 IRS21 传感器。IRS21 能够自动监测道路表面的情况，实时将测量信息传输到系统控制中心，将道路表面可能出现的状况通知用户。通过 Lufft 18080 型接口和 Campbell

图 2-1　IRS21 路面传感器

SDM-SIO4 系列数据接口，IRS21 能够与 Campbell 的 CR800/850、CR1000 等数据采集器连接。

IRS21 是一款性能十分优异的智能路面传感器，用来测量路面状态。进行测量后，输出最多三个温度以及盐水浓度、水膜厚度、冰点温度、路面状态。IRS21 传感器还输出一个传感器的状态信息，即当前传感器是否正常工作。它可以作为 RWIS 的重要组成部分检测路面信息。

IRS21 智能路面传感器由以下几部分组成：

（1）拥有专利技术的多频测量模块；

（2）路表面温度测量模块；

（3）拥有专利技术的路表面水膜厚度（即路面积水）测量模块；

（4）含盐度和冰点测量模块。

图 2-2 是 IRS21 路面传感器各个测量模块的示意图。

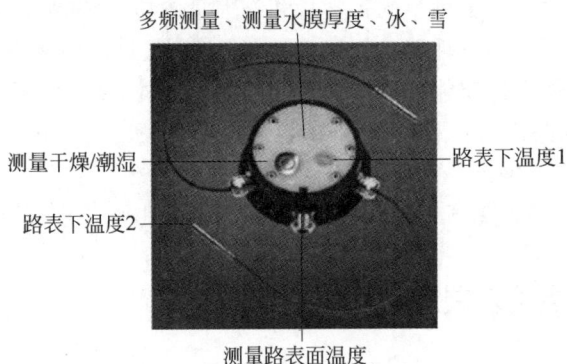

图 2-2　IRS21 路面传感器各个测量模块

IRS21 路面传感器具有结构紧凑、易于安装、能抵抗化学腐蚀和物理破坏、低维护、安装时可交换、功耗较低等特点通过 RS-485 进行数据传输、测量时间小于 2s。此外，IRS21 智能路面传感器可以与任何支持其通信协议的智能终端相连，具有良好的通用性和可移植性。

图 2-3 是 IRS21 路面传感器功能示意图，从图上可以很清晰地看出 IRS21 路面传感器的系统构成。从图上可以看出，系统采用 12V 电源供电，微控制器对来自多频检测模块、温度检测模块、盐度和冰点检测模块、水膜厚度模块的数据进行处理，处理后通过 IRS485 将处理后的数据输出。

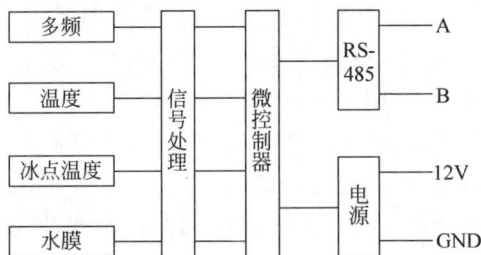

图 2-3　IRS21 路面传感器功能示意图

表 2-1 是 IRS21 路面传感器的技术性能参数，其工作条件：温度是 $-30\sim70\,^{\circ}\!C$；湿度是 $0\sim100\%$ 相对湿度。

表 2-1 IRS21 的技术性能参数

尺　寸	5″径,2″高度
重量	2 磅(907g)
工作温度	−50～70℃
额定电流	低于 200mA
通信接口	RS-485
标准电缆长度	75 英尺(25m)
可定制的电缆长度	最长 100m
电源	9～14VDC
路况	干燥,微湿,潮湿,水,雪或冰,残余盐
道路温度	−40～70℃
温度精度	±0.2℃
温度分辨率	0.1℃
冰点	−20～0℃
冰点精度	±0.1℃
冰点分辨率	0.1℃

从表 2-1 可以看出,IRS21 路面传感器有很高的检测精度,包括温度测量的精度,冰点测量的精度,能满足恶劣的使用条件,功耗也比较低。因此 IRS21 路面传感器是一款非常优秀的路面传感器。

FP2000 路面传感器(图 2-4)是美国 QTT 公司的一款性能优异的路面传感器。QTT 公司是一家专业为交通领域设计制造道路、机场跑道气象信息系统的公司,其自主研发的路面预警传感器系列尤为出色,领先全球。QTT 的产品已经在美国各州大多数的交通运输部门、收费公路、城市及乡村政府部门中得到了广泛的应用,目前在美国公路交通气象市场占有 80％的份额。FP2000 传感器利用热被动传导原理,采用

图 2-4 FP2000 传感器

拥有专利技术的温度、电容及四点探测电极网点结构(四点电导率法),被动测量传感器表面上的水、冰以及除冰剂溶液中的化学物浓度。

FP2000 独特的锯齿状容水槽,提供了强大的收集路面潮气的性能,可以准确分析路面溶液。传感器顶部的探针和锯齿状容水槽中的另一套探针一起构成一套系统,来检查和平衡化学物浓度的测量。采集表面温度、干、湿(零度以上)、道路状况信息时不受天气、流量和融雪剂影响,可提供路面温度、干、结冰点温度、潮湿存在及类型(湿、霜、泥泞)、冰晶百分比含量、融雪剂浓度、水膜厚度等路面信息。

此外,FP2000 还可以接入 QTT 公司的 Passport 系统,此时 FP2000 可以和气象传感器联合使用,发挥更大的作用。Passport 系统内置了 QTT 公司著名的 Storm Vision 气

象算法,而且最多可以连接 4 个 FP2000 路面传感器,能够提供霜冻、降雨等各种预警信息(表 2-2)。

表 2-2　FP2000 路面传感器的技术性能参数

路面温度	−52～80℃
溶液深度	0.03～1.27cm
冰晶百分比(雪泥)	0～100%
工作温度	−40～80℃
溶液结冰点	−20～0℃
化学物质检测	充分溶解的氯化钠、醋酸钾、氯化镁等 8 种溶液
化学成分浓度	0～100%,按重量相对溶液总量
直径	13.34cm
高度	4.5cm
重量	1.25kg
平均无故障时间	40000h

FP2000 传感器的外壳材料和道路材料有着相似的热特性,并且颜色和纹理也是相近的(可选黑色或灰色)。用产品套装中的环氧树脂密封后和路面平齐。

FP2000 有着超过 7000 多套在用的成功业绩,遍布整个北美,其中有的检测单元已经服务 20 年以上了,为路面传感器行业开创了更高的标准。

Sensit 主动式路面传感器能够对路面状况进行非常精确的检测,对道路冰点的测量,不受路面上的化学物质类型、混合物及浓度的影响。它使用主动元件来加热、冷却道路表面的液体或溶液来检测并报告结冰点温度。Sensit 可以对多个数据点进行采集,提供的结冰点信息更加精确。Sensit 传感器能够获得道路表面冰雪融化所需要化学物质多少的信息,避免了融雪剂的过量喷洒,节约成本,同时也降低了对环境的影响。Sensit 的外壳采用高强度的物质制造,从而可以有效保护传感器,使用专业工具使得传感器的安装、升级与回收变得方便快捷。这样最大限度减少了投资者的投资,由于无须长期维护,可以节省长期维护的费用。Sensit 已经在道路管理部门得到了广泛的应用,与路面气象信息系统结合,可以达到冰雪预警等目的。

Sensit 主动式路面传感器相对于被动式路面传感器的优点是,被动式路面传感器在单一时间仅能测量一种化学试剂,而 Sensit 可以主动加热或者冷却自己,在路面液体即将结冰时开始探测,这样不管路面有何种化学剂,都可以给出真实的冰点值。表 2-3 是 3 种传感器产品的参数对比。

表 2-3 3 种传感器的对比

产品	参数	
	检 测 量	性 能 参 数
Lufft/IRS21	温度,盐度(NaCl),冰点,水膜,厚度,路面状况(潮湿/干燥/结冰/雪等)	工作温度:-30~70℃
		温度测量范围:-30~70℃
		温度测量精度:±0.2℃(-10~10℃),其他±0.5℃
		冰点:-20~0℃
		冰点精度:±1℃(大于-10℃)
		水膜厚度测量范围:0~4mm
		水膜厚度测量精度:±(0.1mm+检测值×20%)
FP2000	温度,盐度(NaCl、$MgCl_2$、CH_3COOK 等),冰点,水膜厚度,路面状况(干燥/潮湿/结冰/雪等)	工作温度:-40~80℃
		温度测量范围:-40~80℃
		温度测量精度:0.36℃
		冰点:-20~0℃
		水膜厚度测量范围:0.03~1.27cm
Sensit	温度,冰点(主动式测量)	工作温度:-40~85℃
		温度测量范围:-55~85℃
		冰点测量范围:-20~0.5℃

2.3 路面常用检测技术

2.3.1 机械检测技术

与其他路基路面检测技术相比,机械检测技术的基本原理比较简单,它是通过机械或人工操作而获得路基路面的技术参数或计量信息的一种技术手段。它是将路基路面的几何量(或物理量)通过机械类杠杆或杆系的传动,使与它连接的机械类计数器或者绘图笔(也称画线器)发生动作,从而在计数器里得到数据,或者在绘图纸上得到图形。

机械检测技术相对比较落后,但因它具有结构简单、易于制作、使用寿命长、故障率低以及价格便宜等优点,在某些特定场合仍有一定的实用价值,比如短途竣工验收、路面平整性能测量等。但由于其自身存在的测量精度低、测量时劳动强度大、效率低等缺点,因而需要对其进行技术革新,使之满足现代路基路面测量的需要。

2.3.2 机电检测技术

机电检测技术是将机械、人工以及电子测试采集相结合而获得路面的技术参数和计量信息的一种技术手段,是目前应用比较广泛的一种测量技术。路基路面机电检测技术的基本原理是将路基路面中的物理量或几何量,通过与其接触的机械杆件的动作,传递给磁电计数器或磁电绘图仪,最后由这些计数器给出数据或绘图仪给出图形,并通过这些数据或图形得出路基路面的实际质量状况。由于机电检测装置具有仪器可靠、使用寿命长、价格低廉、使用方便等优点,因此,在土木工程中得到了广泛应用。

另外,在机电检测技术中,还有一类是将机械动作直接传递给函数型计算器,通过它即能获得路基路面的技术参数。这种函数型计算器可以借助它内部的运算功能得到实现,只要在机械动作与函数型计算器的按钮接线间插入一个中间转换器,即能将机械信号变成电信号,再由电信号变成数字信号。当然,它要比磁电计数器复杂一些,因为磁电计数器没有运算功能,只能记录累计数据,而函数型计算器则可输出一个统计型指标,例如 CASIO 型与 SHARP 型以及我国开发研制的函数型计算器都具有这种运算功能。

2.3.3 超声波检测技术

超声波检测技术是近年来发展非常迅速的一项无损检测技术,其基本原理是用人工的方法在工程材料和结构中激发一定频率的弹性波。这种弹性波以各种波型在材料和结构内部传播并由接收仪器接收,通过分析、研究这些波动信号,可以了解材料和结构的力学特性或内部的缺陷。实验表明,在介质内部传播的弹性波的波速、振幅、频率和波型等波动特征参数与介质的弹性模量、动泊松比、动剪切模量等力学参数有着密切关系。此外,波动参数特征还与物体内部的缺陷有关,如断裂面,孔洞的大小、形状及分布等。通过对波速的测试,还可以判定材料的抗压强度等极限状态力学参数。由于超声波具有激发容易、检测简单、操作方便、费用经济等优点,因此在道路检测中,尤其是在高等级公路路基路面检测中的应用有着较为广泛的前景。

声波是质点振动在弹性介质内部传播的形式,它是一种能在气体、液体和固体中传播的弹性波。人的耳朵能听到的声波频率范围在 20~20000Hz,频率超过 20000Hz 称为超声波;低于 20Hz 称为次声波。波速与声波波长、频率之间的关系可以表示如下:

$$C = \lambda \cdot f \tag{2-16}$$

式中:C 为声波在某一介质中的传播速度,m/s;λ 为声波波长,m;f 为声波频率,Hz。

1. 声波的波形和传播速度

根据质点振动在介质内部的传播方式,声波可以分为纵波、横波和表面波。

1) 纵波

质点振动方向和声波传播方向一致的波称为纵波,它在无限均匀介质中的传播速度为

$$C_{L} = \sqrt{\frac{\lambda + 2G}{\rho}} = \sqrt{\frac{E(1-\mu)}{\rho(1+\mu)(1-2\mu)}} \qquad (2\text{-}17)$$

式中：E 为弹性模量，Pa；ρ 为介质的密度，kg/m^3；μ 为泊松比，无量纲。

2）横波

质点振动方向垂直于声波传播方向的波称为横波，它只能在固体中传播。在无限均匀的介质中横波的传播速度为

$$C_{t} = \sqrt{\frac{G}{\rho}} = \sqrt{\frac{E}{2\rho(1+\mu)}} \qquad (2\text{-}18)$$

式中：G 为剪切弹性模量，Pa。

3）表面波

沿介质表面传递，波动振幅随深度增加而迅速衰减的波称为表面波。表面波质点振动的轨迹是椭圆形，长轴垂直于传播方向，短轴平行于传播方向。表面波在介质中的传播速度为

$$C_{R} = C_{t}\frac{0.87 + 1.12\mu}{1+\mu}\sqrt{\frac{E}{\rho} \cdot \frac{1}{2(1+\mu)}} \qquad (2\text{-}19)$$

超声纵波波速 C_{L}、横波波速 C_{t} 与表面波波速 C_{R} 三者之间关系如下：

$$C_{t} = C_{L}\sqrt{\frac{1-2\mu}{2(1-\mu)}} \qquad (2\text{-}20)$$

$$C_{R} = C_{t}\frac{0.87 + 1.12\mu}{1+\mu} \qquad (2\text{-}21)$$

2. 声波的折射与反射

当声波从一种介质传播到另一种介质时，在介质的分界面上会产生折射与反射，声波透过界面传播到第二种介质内部的波称为折射波；在界面上被反射回第一种介质内的波称为反射波。

1）折射定律

入射角 α 的正弦与折射角 β 的正弦之比等于入射介质波速 C_{1} 和折射介质波速 C_{2} 之比。入射角、折射角和分界面的法线均在同一平面内。

2）反射定律

入射角 α 的正弦与反射角 α' 的正弦之比等于入射波和反射波的波速之比。当入射波与反射波的波型相同（未产生波型转换）时，波速相同，入射角即等于反射角。入射线、反射线和分界面的法线均在同一平面内。

3. 声波的波型转换

当纵波以某一角度入射到第二种介质（固体）的界面上时，除有反射和折射（图 2-5）

的纵波以外,还伴随着波型的转换,即产生横波的折射和反射(图 2-6),在某些情况下还可产生表面波。各种波型都符合折射和反射定律。在使用横波检测时,为避免波型判断的困难,不希望有纵波存在。由于纵波折射角(或波速)大于横波折射角(或波速),只要选择适当的入射角,使纵波的折射角大于或等于直角,此时折射波中只有横波存在,称为纵波的全反射。

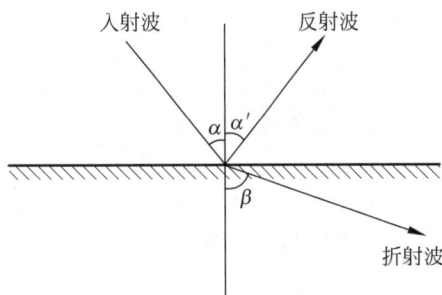

图 2-5　声波的折射与反射

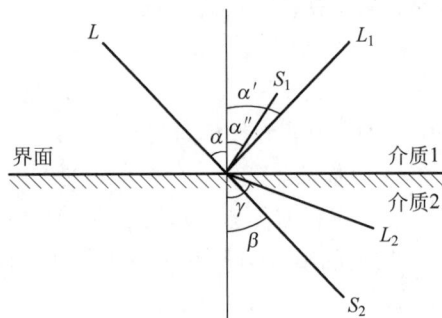

图 2-6　波型的转换

4. 声波的衰减特性 α_2

声波在介质中传播时,能量会逐渐衰减,传播距离越大,能量的衰减就越多。能量衰减主要是由于声波在介质中扩散、散射及介质对声能的吸收作用所引起的。在理想的均匀介质中,声波衰减是由于扩散的缘故。所谓扩散,就是指声波随传播距离的增加,单位面积内声能分布的减弱。混凝土是内部不均匀的材料,在粗、细集料的界面处,或混凝土质量不佳的结构松散处,声波会产生不均匀的反射,称为散射。由于散射的存在,使声波的能量也受到很大的衰减。此外,不同的材料或内部结构不同的单一材料都会对声波能量产生不同的吸收作用。特别是内部结构松散的材料,由于存在内摩擦,对声波有相当大的吸收作用。因而通过声波在相同材料中传播时衰减大小的对比,可以大致判断材料内部结构的紧密程度,从而决定其质量的好坏。

5. 声波检测方法

在建筑结构和材料的声波检测中,需要根据被测结构的具体情况,选择探头的类型和探头在结构上安放的位置。根据探头安放的不同位置,声波探测方法可分为 3 种:穿透法、反射法和沿面法。

1) 穿透法

穿透法是将声波发射、接收探头放置在结构相对的两个表面上,根据声波穿透构件后波速和能量的变化情况来判断构件的质量。这种方法可以用于厚度比较大、并且两个表面都易于安放探头的部件,如混凝土梁、板、桥墩和立柱等。穿透法的灵敏度高,是一种使用较为广泛的方法。但是该方法对发射、接收探头安装位置的相对准确性有一定要求。

2）反射法

反射法是探头向构件发射声波,声波沿发射方向传播到构件的底面后,被反射回来再由探头接收,根据反射波传播的时间和显示的波型来判断构件内部的缺陷和材料性质的方法。在非金属材料的声波检测中,发射波波型多采用脉冲超声波,发射和接收可以共用一个探头。这种方法适用于结构的另一面无法安装探头的情况,如路面、混凝土基础等。当构件厚度很大、声波衰减较大、反射波十分微弱、接收较为困难时,可以用锤击等冲击方法产生较大的发射能量。

3）沿面法

这种方法是发射探头发射的纵波通过一定角度入射到结构中,并被转换成表面波,通过对表面波传播特性的测定来判断结构的缺陷和材料的性能。表面波的能量只在结构表面传播,它的能量随着深度的增加很快衰减。在结构内部约一个波长的深度内,表面波能量已经很小,不能进行检测。这种方法适用于只有一个表面可以安装探头的板形混凝土结构,如桥面板等。

2.3.4 激光检测技术

激光技术是 20 世纪 60 年代发展起来的一门尖端技术。由于激光具有其独特的技术特点,如特高的亮度、极高的方向性、很好的相干性与衍射性、很高的光强、良好的测微精度、高时间分辨率和全息反应能力,因此激光在很多领域有着广泛的应用。用激光进行路基路面检测,目前主要由激光纹理测定、弯沉测定与平整度测定,其基本原理分为激光衍射原理、光电转化原理和光时差原理。

1. 激光衍射原理

激光在衍射时,屏幕上出现亮暗相间的条纹,而亮暗相间条纹又与狭缝宽窄有关,当狭缝变宽时,亮条或暗条相应增加;狭缝变窄时,亮条或暗条相应减少。因此,可根据亮条或暗条的数目来确定缝的宽窄,即可得到实际弯沉位移变形的大小。

2. 光电转化原理

激光光强越强,则光能越大,而光能越大,则说明光电流越强。如果用一个光电转换器,将光能转化为电能(例如硅光电池),则当激光光强发生变化时,光电流也随之发生变化。当事先做好光电流-位移变形标定曲线后,即可根据光电流的变化反算弯沉位移的变化量。

3. 光时差原理

激光能用反射时间差来记录所测量的极短长度。由于激光能反映极短的时间差,例如 1mm 或 1cm 的时间差为 1/10,如以 mm 为基准,则时间差为 10 时,即长度读数为 10mm 或 1cm,同理,时间为 5 时,所反映的长度读数即为 5mm,依次类推。因此,可利用激光所走路程的时间差来反求实际长度,这个方法可用来测量路面结构纹理的短小深度以及平整度。

2.3.5 雷达检测技术

雷达是一种穿透能力很强的宽带、高频电磁波,一般频幅为 100～1000MHz。当由振源自激产生脉冲电磁波并由天线定向成一定角度向路基路面发射时,波的一部分在第一界面(路面与空气界面)反射,另一部分向下穿透。由于空气的介电常数为 1,而路基路面的材料介质介电常数均大于 1,有的大得较多,因而,穿透波的大部分能量被该种材料吸收,同时,波在其中产生折射,折射角小于波的入射角。当折射波碰到第二界面(面层与基层界面)时,波的一部分在界面反射,穿过面层到空气,完成波的一次小循环;另一部分继续向下,穿透界面到基层,一部分能量损耗于该层,同时,产生折射,折射角大小与否,主要取决于基层的介电常数,当基层的介电常数大于面层的介电常数时,折射角小于面层至基层的入射角,但当介电常数小于面层的介电常数时,折射角大于面层的入射角。

电磁波折射后,又碰到第三界面(基层与路基界面),同样,波的一部分向上反射,并穿透面层到空气,成为波的一次中循环;同理,波的另一部分继续向下,穿透界面到达基层,折射角的大小,理论上与上述相同。当路基均质无限、无异常物时,从理论上说,穿透折射波的剩余能量完全损耗于无限体内,没有向上反射。但实际情况并非如此,路基中由于种种原因,包括分层压实形成的人为界面、路基中的软层甚至异常体等形成的异常界面,使这些区域的介电常数发生变异,因而,入射的电磁波就在这些区域的界面处向上反射,穿透路面面层到达空气,形成入射波的第一次大循环。

由此可知,雷达波与其他波一样,具有相同的传播特点与规律。雷达波碰到界面就要反射是其一个最突出的特点,上面所叙述的波第一次循环,大、中、小 3 种循环状态,就体现了波的这种性质。也正是因为波的这 3 种状态的循环,给路基路面的物理力学参数的检测提供了条件,雷达检测技术正是利用了电磁波的这一传播特性,雷达波(脉冲电磁波)从入射到一次小循环的传播时间 t_1 完全由仪器的时窗信号记录到,第一次中循环的传播时间 t_2、大循环的传播时间 t_3 也可同样得到。对于波所行走的距离完全与波的传播时间对应,可以根据射入与射出的距离 S_1、S_2、S_3 与折射角 β、γ、θ 以及材料的介电常数 ε 等重要特征参数确定。时间与距离确定后,电磁波所行进的速度也随之可以得出。

如采用仪器天线探测器进行扫描时,还可得到第二、第三次等多次循环记录。由于路基路面的物理力学指标以及它们的几何尺寸都与电磁波传播时间、行程以及速度有密切关系,因而,测得了电磁波的传播时间、行程与行速后就能很快地算得路基路面各项指标的具体参数,以及各种异常体的位置,例如,材料的厚度、弹性模量、含水率以及密实松软状况和异常物(土洞等)实际位置等。

2.3.6 其他检测技术

1. 振动类检测技术

振动类检测技术是指利用机械振动以及由于机械振动引起的波(应力波)在结构中的振动特性及在介质中的传播特性获得道路技术参数和计量信息的一种技术手段。基于振动和冲击原理的振动类检测技术,已成为近年来道路桥梁无损检测的一个热点。目前,SAWA 表面波检测、FWD 落锤式弯沉检测等技术都是属于此类典型检测技术。

2. 射线类检测技术

射线是同位素或核子散发的一种无形能束。同位素中的某些元素所散发的能束,与土壤的密度与水分有着十分密切的联系,而且具有十分明显的规律性。射线类检测技术就是利用某些同位素的这种特性来进行工程检测的技术。射线类检测技术具有快速、无损(或有损)、测法简单的独特优点,因而,国内外许多专家较早地设计了核子检测仪器,用于土壤密实度与土壤含水率的测定。国外从 20 世纪 50 年代末到 60 年代开始采用核子方法测量土壤密实度,美国、日本、法国、英国与德国等国家相继开发了仪器,并在土木工程中广泛应用。目前,这种技术在我国公路中也已得到了广泛的应用。

由于射线属于放射性物质,对人体的健康会产生影响,甚至是严重影响。因此,在利用射线原理检测路基路面的物理指标时,其检测装置或设计的检测仪器,一定要对射线源进行有效的防护,使射线在工作过程中,对人体的影响能被控制在安全范围内。这是核子仪在设计时所必须考虑的关键问题。

3. 摄像类检测技术

我国传统的路面病害检测均用眼睛观察计数,以作为养护修补的基本依据,但测记效率与准确度较低。20 世纪 80 年代以来,随着我国高等级公路的修建,在引用外国技术的基础上,发展了我国高等级路面养护评价系统,对路面(主要对高等级公路的沥青混凝土路面)的状况定期做出快速评价,以便做出合理、科学的养护投资安排。因此,我国开始重视公路路面(主要是沥青混凝土路面)的病害摄影测量,并进行了路面摄像检测仪器科技研发和实际应用。我国江苏省宁沪高速公路股份有限公司、南京理工大学和南京路达基础工程新技术研究所,在 2003 年共同研制出一种新型路面状况智能检测车,为国内公路建设与养护提供了智能化的高技术检测设备。该检测车(图 2-7)是利用安装在检测车辆上的高速、高精度图像采集与处理设备,在测量车以正常测量速度行驶的同时,进行路面图像采集与存储。在获得路面全部图像后,利用图像处理与分析软件,对获得的全部图像进行处理与分析,从中提取出路面破损、平整度等方面的精确测量数据。路况智能检测车工作时以 70km/h 的速度在高速公路上行驶,不仅可提供包括公路平整度、路面裂缝、破损等情况的系列数据,还能在计算机显示的图像上观测到细至 1mm 的裂缝,并标明裂缝所在的位置,大大提高了检测效率,过去需要几个月才能完成的工作,该车两天就能完成。该系统对 3~5mm 裂缝的正确识别率达到 90% 以上,同时路面平整度测量精度可达到 0.1mm,车辙检测精度达到 1mm。

4. 红外类测温技术

红外线是一种电磁波,具有与无线电波及可见光一样的本质,它在电磁波无线频谱中的位置是处于无线电波与可见光之间的区域,红外线辐射是自然界存在的一种最为广泛的电磁辐射。红外线的波长为 0.75~1000μm,按波长的范围可分为近红外、中红外、远红外、极远红外四类。任何物体在常规环境下都会产生自身的分子和原子的无规则运动,并不停地辐射出热红外能量,分子和原子的运动越剧烈,辐射的能量越大;反之,辐射的能量越小。通过红外探测器将物体辐射的功率信号转换成电信号后,成像装置的输出信号就可以完全一一对应地扫描物体表面温度的空间分布,经过电子系统处理后传至显示屏上,得到与物体表面热分析相应的热像图。运用此方法,便能实现对目标进行远距离热状态图像成像和测温并进行分析判断。红外热成像仪如图 2-8 所示。

图 2-7　新型路面状况智能检测车　　　　图 2-8　红外热成像仪

使用红外热成像仪进行探测,具有轻便、快速、直观、非接触、大面积、远距离探测等优点。只要被测目标与周围环境表现出不同的热力学特征,就可以用该方法测到,并通过分析红外热成像图,对被检测对象进行判断。因此,红外类检测技术具有极为广泛的应用前景。可以预见,随着分析理论和应用的进一步深入,该类技术有望在工程检测领域解决诸多难题。

5. 集成检测技术

集成检测技术是指将单项测量技术按一定要求组装在同一辆车上的一种检测技术。许多国家对道路桥梁的物理力学指标都是实现单项测量,该种测量的效率不高并且增加了每次测量的投资费用。高速公路的迅速发展使许多国家更注重于检测效率与质量,如法国、加拿大、澳大利亚等国已率先开发了集成检测技术。我国近年来也开展了此方面的研发工作,于是就出现了代表集成检测技术的多功能道路检测仪、高智能路面检测车、模块化路面测试系统等。这些集成类检测设备往往集多项功能于一身,如多功能路面测试车可以同时进行路况摄像、路况检测分析、裂缝探测、路面纹理测试、车辙及横断面测试、路标反光检测、摩擦系数测定等多种功能,大大提高了检测效率。图 2-9 为多功能检测车。

图 2-9　多功能检测车

复习思考题

1. 测量方法可以按哪几种方式划分?分别是什么?
2. 检测误差的表示方法有哪几种?分别是什么?
3. 什么是检测误差?其性质是什么?可分为哪几种误差?
4. 对于测量结果是否应该越准确越好?为什么?
5. 路面常用检测技术有哪几种?

第 3 章

测量数据分析与处理

3.1 测量数据质量控制理论

3.1.1 统计数据的特征量

用来表示统计数据分布及其某些特性的特征量分为两类：一类表示数据的集中位置，例如算术平均值、中位数等；一类表示数据的离散程度，主要有极差、标准离差、变异系数等。

1. 算术平均值

算术平均值是表示一组数据集中位置最有用的统计特征量，经常用样本的算术平均值来代表总体的平均水平。总体的算术平均值用 μ 表示，样本的算术平均值则用 $\bar{x}$ 表示。如果 n 个样本数据为 $x_1, x_2, \cdots, x_n$，那么，样本的算术平均值为

$$\bar{x} = \frac{1}{n}(x_1 + x_2 + \cdots + x_n) = \frac{1}{n}\sum_{i=1}^{n} x_i \tag{3-1}$$

【例 3.1】 某路段沥青混凝土面层抗滑性能检测，摩擦系数的检测值（共 10 个测点）分别为 58、56、60、53、48、54、50、61、57、55（摆值），求摩擦系数的算术平均值。

【解】 根据式(3-1)，摩擦系数的算术平均值为

$F_B = (58 + 56 + 60 + 53 + 48 + 54 + 50 + 61 + 57 + 55)/10 = 55.2$（摆值）

当样本数据很多时，可用等距分组相加法求算术平均值。

2. 中位数

在一组数据 $x_1, x_2, \cdots, x_n$ 中，按其大小次序排序，以排在正中间的一个数表示总体

的平均水平,称为中位数,或称中值,用 $\bar{x}$ 表示。n 为奇数时,正中间的数只有一个;n 为偶数时,正中间的数有两个,则取这两个数的平均值作为中位数,即

$$\bar{x} = \begin{cases} x\dfrac{n+1}{2} & (n \text{ 为奇数}) \\[2mm] \dfrac{1}{2}\left(x\dfrac{n}{2} + x\dfrac{n+1}{2}\right) & (n \text{ 为偶数}) \end{cases} \tag{3-2}$$

【例 3.2】 检测值同例 3.1,求中位数。

【解】 检测值按大小次序排列为 61、60、58、57、56、55、54、53、50、48(摆值),则中位数为

$$\bar{F}_B = \frac{F_{B(5)} + F_{B(6)}}{2} = \frac{56 + 55}{2} = 55.5(\text{摆值})$$

3. 极差

在一组数据中最大值与最小值之差,称为极差,记作 R。

$$R = x_{\max} - x_{\min} \tag{3-3}$$

【例 3.3】 求例 3.1 中检测数据的极差。

【解】 例 3.1 中检测数据的极差为

$$R = x_{\max} - x_{\min} = 61 - 48 = 13$$

4. 标准偏差

标准偏差有时也称标准离差、标准差或称均方差,它是衡量样本数据波动性(离散程度)的指标。在质量检验中,总体的标准偏差 σ 一般不易求得。样本的标准偏差 S 按下式计算:

$$S = \sqrt{\frac{(x_1 - \bar{x})^2 + (x_2 - \bar{x})^2 + \cdots + (x_n - \bar{x})^2}{n-1}} = \sqrt{\frac{\sum\limits_{i=1}^{n}(x_i - \bar{x})^2}{n-1}} \tag{3-4}$$

【例 3.4】 仍用例 3.1 的数据,求样本标准偏差 S。

【解】 由式(3-4)可知,样本标准偏差 S 为

$$S = \left\{\frac{1}{10-1}\left[(58-55.2)^2 + (56-55.2)^2 + (60-55.2)^2 + \right.\right.$$
$$(53-55.2)^2 + (48-55.2)^2 + (54-55.2)^2 + (50-55.2)^2 +$$
$$\left.\left.(61-55.2)^2 + (57-55.2)^2 + (55-55.2)^2\right]\right\}^{1/2}$$

$$= 4.13(\text{摆值})$$

5. 变异系数

标准偏差是反映样本数据的绝对波动性。变异系数用 C_V 表示,是标准偏差 S 与算术平均值 $\bar{x}$ 的比值,即

$$C_V = \frac{S}{\bar{x}} \times 100\% \tag{3-5}$$

【**例 3.5**】 若甲路段沥青混凝土面层的摩擦系数算术平均值为 55.2(摆值),标准偏差为 4.13(摆值);乙路段的摩擦系数算术平均值为 60.8(摆值),标准偏差为 4.27(摆值)。则两路段的变异系数:

$$甲路段:C_{V_甲} = \frac{4.13}{55.2} = 7.84\%$$

$$乙路段:C_{V_乙} = \frac{4.27}{60.8} = 7.02\%$$

从标准偏差看,$S_甲 < S_乙$。但从变异系数分析,$C_{V_甲} > C_{V_乙}$,说明甲路段的摩擦系数相对波动比乙路段的大,面层抗滑稳定性较差。

3.1.2 可疑数据的取舍方法

在一组条件完全相同的重复试验中,个别的测量值可能会出现异常。如测量值过大或者过小,这些过大或过小的测量数据是不正常的,或称为可疑的。对于这些可疑数据应该用数理统计的方法判断其真伪,并决定取舍。常用的可疑数据的取舍方法有拉依达法、肖维纳特法、拉格布斯法等。

1. 拉依达法

当试验次数较多时,可简单地用 3 倍标准偏差(3S)作为确定可疑数据取舍的标准。当某一测量数据(x_i)与其测量结果的算术平均值(x)之差大于 3 倍标准偏差时,则该测量数据应舍弃,用公式表示为

$$|x - \bar{x}| > 3S \tag{3-6}$$

这种方法是美国混凝土标准中所采用的方法,由于该方法是以 3 倍标准偏差作为判别标准,所以亦称 3 倍标准偏差法,简称 3S 法。取 3S 的理由是:根据随机变量的正态分布规律,在多次试验中,测量值落在 $x-3S$ 与 $x+3S$ 之间的概率为 99.73%,出现在此范围之外的概率仅为 0.27%,也就是在近 400 次试验中才能遇到一次,这种事件为小概率事件,出现的可能性很小,几乎不可能。因而在实际试验中一旦出现,就认为该测量数据是不可靠的,应将其舍弃。

另外,当测量值与平均值之差大于 2 倍标准偏差时,则该测量值应保留,但需存疑。

如发现生产(施工)、试验过程中有可疑的变异时,该测量值应予以舍弃。

【例3.6】 实验室内进行同配比的混凝土强度试验,其试验结果为($n=10$):
23.0MPa、24.5MPa、26.0MPa、25.0MPa、24.8MPa、27.0MPa、25.5MPa、31.0MPa、
25.4MPa、25.8MPa,试用3S法决定其取舍。

【解】 分析上述10个测量数据,$x_{min}=23.0$MPa 和 $x_{max}=31.0$MPa 最可疑。故应首先判别 x_{min} 和 x_{max}。

经计算:$\bar{x}=25.8$MPa,$S=2.10$MPa

$$\begin{cases} |\ x_{max}-\bar{x}\ |=|\ 31.0-25.8\ |=5.2\text{MPa}<3S=6.3\text{MPa} \\ |\ x_{min}-\bar{x}\ |=|\ 23.0-25.8\ |=2.82\text{MPa}<3S=6.3\text{MPa} \end{cases} \tag{3-7}$$

故上述测量数据均不能舍弃。

拉依达法简单方便,不需查表,但要求较宽,当试验检测次数较多或要求不高时可以应用。当试验检测次数较少时(如 $n<10$),在一组测量值中即使混有异常值,也无法舍弃。

2. 肖维纳特法

进行 n 次试验,其测量值服从正态分布,以概率 $\dfrac{1}{2n}$ 设定一判定范围($-k_n S_k,k_n S_k$),当偏差(测量值 x_i 与其算术平均值 $\bar{x}$ 之差)超出该范围时,就意味着该测量值 x_i 是可疑的,应予舍弃。判别范围由式(3-8)确定:

$$\frac{1}{2n}=1-\int_{-k_n}^{k_n}\frac{1}{\sqrt{2\pi}}e^{-\frac{t^2}{2}}dt \tag{3-8}$$

式中:k_n 为肖维纳特系数,与试验次数 n 有关,可由正态分布系数表查得,见表3-1。

表3-1 肖维纳特系数

n	k_n	n	k_n	n	k_n	n	k_n	n	k_n	n	k_n
3	1.38	8	1.86	13	2.07	18	2.20	23	2.30	50	2.58
4	1.53	9	1.92	14	2.10	19	2.22	24	2.31	75	2.71
5	1.65	10	1.96	15	2.13	20	2.24	25	2.33	100	2.81
6	1.73	11	2.00	16	2.15	21	2.26	30	2.39	200	3.02
7	1.80	12	2.03	17	2.17	22	2.28	40	2.49	500	3.20

因此,肖维纳特法可疑数据舍弃的标准为

$$\frac{|x_i-\bar{x}|}{S}\geqslant k_n \tag{3-9}$$

【例3.7】 实验结果同例3.1,试用肖维纳特法进行判别。

【解】 查表3-1,当 $n=10$ 时,$k_n=1.96$,对于测量值 31.0,则有

$$\frac{\mid x_i - \overline{x} \mid}{S} = \frac{\mid 31.0 - 25.8 \mid}{2.1} = 2.48 > k_n = 1.96 \tag{3-10}$$

说明测量数据 31.0 是异常的，应予以舍弃。这一结论与用拉依达法的结果是不一致的。肖维纳特法改善了拉依达法，但从理论上分析，当 $n \to \infty$，$k_n \to \infty$，此时所有异常值都无法舍弃。此外，肖维纳特系数与置信水平之间无明确联系。

3. 拉格布斯法

拉格布斯法假定测量结果服从正态分布，根据顺序统计量来确定可疑数据的取舍。进行 n 次重复试验，实验结果为 $x_1, x_2, \cdots, x_n$，且服从正态分布。为了检验 $x_i (i = 1, 2, \cdots, n)$ 中是否有可疑值，可将 x_i 按其值由小到大顺序重新排列，得：$x_{(1)} < x_{(2)} < \cdots < x_{(n)}$。

根据顺序统计原则，给出标准化顺序统计量 g。当最小值 $x_{(1)}$ 可疑时，则

$$g = \frac{\overline{x} - x_{(1)}}{S} \tag{3-11}$$

当最大值 $x_{(n)}$ 可疑时，则

$$g = \frac{x_n - \overline{x}}{S} \tag{3-12}$$

根据拉格布斯统计量的分布，在指定的显著性水平 α（一般 $\alpha = 0.05$）下，求得判别可疑值的临界值 $g_0(\alpha, n)$，拉格布斯法的判别标准为

$$g \geqslant g_0(\alpha, n) \tag{3-13}$$

当 $g \geqslant g_0(\alpha, n)$ 时，测量值 x_i 是异常的，应予舍去。$g_0(\alpha, n)$ 值列于表 3-2。

表 3-2　拉格布斯系数 $g_0(\alpha, n)$

n	α 0.01	α 0.05	n	α 0.01	α 0.05	n	α 0.01	α 0.05
3	1.15	1.15	13	2.61	2.33	23	2.96	2.62
4	1.49	1.46	14	2.66	2.37	24	2.99	2.64
5	1.75	1.67	15	2.70	2.41	25	3.01	2.66
6	1.94	1.82	16	2.74	2.44	30	3.10	2.74
7	2.10	1.94	17	2.78	2.47	35	3.18	2.81
8	2.22	2.03	18	2.82	2.50	40	3.24	2.87
9	2.32	2.11	19	2.85	2.53	50	3.34	2.96
10	2.41	2.18	20	2.88	2.56	100	3.59	3.17
11	2.48	2.24	21	2.91	2.58			
12	2.55	2.29	22	2.94	2.60			

利用拉格布斯法每次只能舍弃一个可疑值,若有两个以上的可疑数据,应该一个数据一个数据地舍弃,舍弃第一个数据后,试验次数由 n 变为 $n-1$,以此为基础再判别第二个可疑数据。

3.2 数据抽样检验

3.2.1 抽样检验基础

检验是指通过测量、试验等质量检测方法,将工程产品与其质量要求相比较并作出质量评判的过程。工程质量检验是工程质量控制的一个重要环节,是保证工程质量的必要手段。

检验可分为全数检验和抽样检验两大类。全数检验是对一批产品中的每一个产品进行检验,从而判断该批产品的质量状况;抽样检验是从一批产品中抽出少量的单个产品进行检验,从而判断该批产品质量情况。全数检验较抽样检验可靠性高,但检验工作量非常大,往往难以实现;抽样检验方法以数理统计学为理论依据,具有很强的科学性和经济性,在许多情况下,只能采用抽样检验方法。

公路工程不同于一般产品,它是一个连续的整体,且采用的质量检测手段又多属于破坏性的。所以,就公路工程质量检验而言,不可能采用全数检验,而只能采用抽样检验。即从待检工程中抽取样本,根据样本的质量检查结果,推断整个待检工程的质量状况。

质量检验的目的在于准确判断工程质量状况,以促进工程质量的提高。其有效性取决于检验的可靠性,而检验的可靠性又与以下因素相关:

(1) 质量检验手段的可靠性;

(2) 抽样检验方法的科学性;

(3) 抽样检验方案的科学性。

在质量检验工程中,必须全面考虑上述 3 个因素,以提高质量检验的可靠性。

1. 抽样检验的类型

抽样是从整体中抽取样本的过程,并通过样本了解总体。总的来说,抽样检验可分为非随机抽样和随机抽样两大类。

(1) 非随机抽样。进行人为的有意识的挑选取样即为非随机抽样。非随机抽样中,人的主观因素占主导作用,由此所得到的质量数据,往往会对总体作出错误的判断。因此,采用非随机抽样方法所得的检测结论,其可信度较低。

(2) 随机抽样。随机抽样排除了人的主观因素,使待检总体中每一个产品具有同等被抽取到的机会。只有随机抽样的样本才能客观地反映总体的质量。这类方法所得到的数据代表性强,质量检验的可靠性得到了基本保证。因此,随机抽样是以数理统计的原理,根据样本取得的质量数据来推测、判断总体的一种科学抽样检测方法,因而被广泛使用。

2. 随机抽样的方法

先举一个例子来说明随机抽样的方法。假如有一批产品,共 100 箱,每箱 20 件,从中选择 200 个样品。一般有以下几种抽样方法:

(1)从整批中,任意抽取 200 件。

(2)从整批中,先分成 10 组,每组为 10 箱,然后分别从各组中任意抽取 20 件。

(3)从整批中,分别从每箱中任意抽取 2 件。

(4)从整批中,任意抽取 10 箱,对这 10 箱进行全数检验。

上述 4 种方法,分别称为单纯随机抽样、系统抽样、分层抽样、密集群抽样。因此,随机抽样的方法有多种,适用于公路工程质量检验的随机抽样方法一般有以下几种:

(1)单纯随机抽样。这是一种完全随机化的抽样方法,适用于对总体缺乏基本了解的场合。随机抽样并不意味着随便地、任意地取样,它是利用随机数表、掷骰子或抽签的方法获得,以保证总体中每一个单位出现的概率相同。

(2)分层抽样。一项工程或工序往往是由若干不同的班组施工的。如同一个班组施工的工程或工序作为一层,若某项工程或工序是由 3 个不同的班组施工的,则可分为 3层,然后按一定比例确定每层应抽取样本数,对每层则按随机单纯抽样法抽取样品。分层时,应尽量使层内均匀,而层间不均匀。分层抽样法便于了解每层的质量状况,分析每层产生质量问题的原因。

(3)两级取样。当物品堆积较多、数量较大时,可先从堆中挑选进行一级取样,再从取出的样品中进行二次随机取样。

(4)系统抽样。对总体实行单纯随机抽样有困难时,如连续作业时取样、产品为连续时抽样(如测定路表面的弯沉值)等,可采用一定时间间隔或距离进行抽取的方法,称为系统取样或等距离取样。

3. 抽样检验的评定方法

抽样检验的目的,就是根据样本取得的质量数据来推测样本所属的一批产品或工序的质量状况,并判断该批产品或该工序是否合格。抽样检验评定基本原理可以用图 3-1 表示。其中,N 为一批产品数量(即批量);n 为从批量中随机抽取的样本数;d 为抽取样本中不合格品数;c 为抽取样品中允许不合格品数(或称合格判定数)。若 $d \leqslant c$,则认为该批产品合格,可以接受;若 $d > c$,则说明该批产品不合格,应拒绝接受。根据

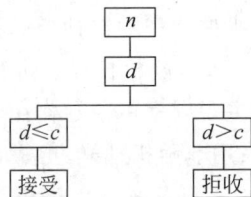

图 3-1　抽样检测原理

JTG F80—2004《公路工程质量检验评定标准》，公路工程质量评定采用合格率与评分的方法，也就是根据检测值是否符合质量标准进行评定，按合格率计分。

对于路基路面压实度、弯沉值，路面结构层厚度，半刚性基层材料强度，水泥混凝土抗折强度等检验项目，应采用数理统计的方法进行评定计分。

4. 抽样检验的意义

在产品检验中，全数检验的应用场合很少，大多数情况下采取抽样检验。这是因为：

（1）由于无破损性检验依据机械的种类很少，性能难以稳定，在无法采用无破损性检验时，就得采用破坏性检验，而破坏性检验是不可能对全部产品都做检验的。

（2）当检验对象为连续性物体或粉块混合物时（如油、沥青、水泥等），在一般情况下可能对全体物品质量特性进行检测试验。

（3）由于产品每批的质量往往有波动，尤其是在产品量大、金额高、检验项目多的场合，采用全数检验是不可能的，用无破损检验也有可能导致由于产品不良品率高而带来重大的经济损失。此时，抽样检验则十分必要。

（4）抽样检验由于检验的样本较少，因而可以收集质量信息，提高检验的全面程度和促进质量的改善。

3.2.2 数据的修约法则

1. 检测数据的来源

工程质量控制和评价是以数据为依据的。质量控制中常说的"一切用数据说话"，就是要用数据来反映工序质量状况及判断质量效果。

检测数据的来源，主要是施工过程中的各种检验，即材料检验、工序检验、竣工验收检验等。通过对这些数据的收集、处理和分析，才能达到对施工过程的了解、掌握和控制。

检测数据就其本身的特性来说，可以分为计量值数据和计数值数据。

（1）计量值。计量值数据是可以连续取值的数据，如长度、厚度、直径、强度等质量特征。它们一般都可以用检测工具和仪器进行测量或试验，可以表示大小和单位，一般都带有小数。

（2）计数值。计数值数据的特点是不连续的，如不合格品数、缺陷的点数等，它们一般没有单位，只有大小且只能用整数或百分数表示。一般来说，以判定方法得出的数据和以感觉性检验方法得出的数据大多属于计数值数据。

2. 数据修约进舍规则

数据获得后，还涉及数据的定位问题，也就是出现了对规定精确程度范围之外的数字应如何取舍的问题。在统计中一般常用的数据修约规则如下：

（1）拟舍弃数字的最左一位数字小于 5 时，则舍去，留下的数字不变。例如，将 13.2476 修约到小数点后第一位时，其最左边的第一位数字是 4，则应舍去，结果为 13.2。

（2）拟舍弃数字中的最左一位数字大于 5 时，则进 1，即保留下的末位数字加 1。例如，将 26.567 修约到小数点后第一位时，其最左边的第一位数字是 6，则进 1，结果为 26.6。

（3）拟舍去的数字中的最左一位数字等于 5，而后面的数字并非全是 0 时，则进 1，即保留下的末位数字加 1。如 13.0521 修约到小数点后第一位时，其拟舍去的数字中最左边的第一位数字是 5，5 后面的数字还有 21，所以要进 1，结果为 13.1。

（4）拟舍去的数字中的最左一位数字为 5，而后面无数字或全部为 0 时，所保留的数字末位为奇数（1，3，5，7，9）则进 1，为偶数（2，4，6，8，0）时则舍去。如将 15.05、15.15、15.25、15.45 几个数字只保留一位小数，则可分别修约为 15.0、15.2、15.2、15.4，即通常所说的奇进偶不进。

（5）拟舍去的数字并非单独的一个数字时，不得对该数据连续进行修约，应按拟舍去的数字中最左一位数字的大小，根据上述各条原则一次修约完成。例如，将 15.4546 修约成整数时，不应按 15.4546→15.455→15.46→15.5→16 进行，而应按 15.4546→15 进行修约。

（6）上述数据修约规则（有时称为“奇升偶舍法”）与常用的“四舍五入”的方法区别在于，用“四舍五入”法对数据进行修约，从修约后的数据中得到的均值偏大。而用上述的修约规则，进舍的状况具有平衡性，进舍误差也具有平衡性，若干数据经过这种修约后，修约值之和变大的可能性与变小的可能性是一样的。

为了便于记忆，将上述规则总结成以下口诀：四舍六入五考虑，五后非零则进一，五后为零视奇偶，奇升偶舍要注意，修约一次要到位。

3.3　实用数据的处理方法

通过试验检测获得一系列数据，如何对这些数据进行深入的分析，以便得到各参数之间的关系，甚至用数学解析的方法，导出各参数之间的函数关系，这是数据处理的任务之一。测量数据的处理方法通常有表格法、图示法和经验公式法 3 种。

1. 表格法

用表格来表示函数的方法，在自然科学和工程技术上用得特别多。在科学试验中一系列测量数据都是要首先列成表格，然后再进行其他的处理。表格法简单方便，但要进行深入的分析，表格就不能胜任了。首先，尽管测量次数相当多但它不能给出所有的函数关系；其次，从表格中不易看出自变量变化时函数的变化规律，而只能大致估计出函数是递增的、递减的或是周期性变化的。列成表格是为了表示出测量结果，或是为了以后的计算方便,同时也是图示法和经验公式法的基础。

表格有两种,一种是试验检测数据记录表,另一种是试验检测结果表。

试验检测数据记录表是该项试验检测的原始记录表,它包括的内容应有试验检测目的、内容摘要、试验日期、环境条件、检测仪器设备、原始数据、测量数据、结果分析以及参加人员和负责人等。

试验检测结果表只反映试验检测结果的最后结论,一般只有几个变量之间的对应关系。试验检测结果表应力求简明扼要,能说明问题。

2. 图示法

在自然科学和工程技术中用图形来表示测量数据是最普遍的一种方法。图示法的最大优点是一目了然,即从图形可非常直观地看出函数的变化规律,如递增性或递减性,最大值或最小值,是否具有周期性变化等。但是,从图形上只能得到函数变化关系而不能进行数学分析。

图示法的基本要点如下:

(1) 在直角坐标系中绘制测量数据的图形时,应以横坐标为自变量,纵坐标为对应的函数值。

(2) 坐标纸的大小与分度的选择应与测量数据的精度相适应。分度过粗时,影响原始数据的有效数字,绘图精度将低于试验中参数测量的精度;分度过细时会高于原始数据的精度。坐标分度值不一定自零起,可用低于试验数据的某一数值作起点和高于试验数据的某一数值作终点,曲线以基本占满整幅坐标纸为宜。

(3) 坐标轴应注明分度值的有效数字、名称和单位,必要时还应注明试验条件,坐标的文字书写方向应与该坐标轴平行,在同一图上表示不同数据时应该用不同的符号加以区别。

(4) 曲线平滑方法。测量数据往往是分散的,如果用短线连接各点得到的就不是光滑的曲线,而是折线。由于每一个测点总存在误差,将带有误差的各数据所描的点不一定是真实值的正确位置。根据足够多的测量数据,完全有可能作出一光滑曲线,决定曲线的走向应尽可能通过或接近所有的点,但曲线不必强求通过所有的点,尤其是两端的点。当不可能时,则应移动曲线尺,考虑到所绘制的曲线与实测值之间的误差的平方和最小,此时曲线两边的点数据接近于相等。

3. 经验公式法

测量数据不仅可用图形表示出函数之间的关系,而且可用与图形对应的一个公式来表示所有的测量数据,当然这个公式不可能完全准确地表达全部数据。因此,常把与曲线对应的公式称为经验公式,在回归分析中则称之为回归方程。

把全部测量数据用一个公式来代替,不仅有紧凑扼要的优点,而且可以对公式进行必要的数学运算,以研究各自变量与函数之间的关系。

根据一系列测量数据,如何建立公式,建立什么形式的公式,这是首先需要解决的问题。

所建立的公式能正确表达测量数据的函数关系,往往不是一件容易的事情,在很大程度上取决于试验人员的经验和判断能力,而且建立公式的过程比较烦琐,有时还要多次反复才能得到与测量数据更接近的公式。

建立公式的步骤大致可归纳如下:

1) 描绘曲线

以自变量为横坐标,函数量为纵坐标,将测量数据描绘在坐标纸上,并把数据点描绘成测量曲线(详见图示法)。

2) 对所描绘的曲线进行分析

确定公式的基本形式:如果数据点描绘的基本上是直线,则可用一元线性回归方法确定直线方程;如果数据点描绘的是曲线,则要根据曲线的特点判断曲线属于何种类型。判断时可参考现成的数学曲线形状加以选择,对选择的曲线则按一元非线性回归方法处理;如果测量曲线很难判断属何种类型,则可按多项式回归处理。

3) 曲线化直

如果测量数据描绘的曲线被确定为某种类型的曲线,则可先将该曲线方程变换为直线方程,然后按一元线性回归方法处理。例如,双曲线 $\frac{1}{y} = a + b\frac{1}{x}$,坐标变换时令 $y' = \frac{1}{y}$,$x' = \frac{1}{x}$,即取 $\frac{1}{y}$ 为纵坐标,$\frac{1}{x}$ 为横坐标,双曲线就变直线了,所得线性方程为 $y' = a + bx'$。其他形式的曲线也可按类似的方法化为直线。

4) 确定公式中的常量

代表测量数据的直线方程或经曲线化直后的直线方程表达式为 $y = a + bx$,可根据一系列测量数据确定方程中的常量 a 和 b,其方法一般有图解法、端直法、平均法和最小二乘法等。

5) 检验所确定的公式的准确性

即用测量数据中自变量值代入公式计算出函数值,它与实际测量值是否一致,如果差别很大,说明所确定公式基本形式可能有错误,则应建立另外形式的公式。

4. 数据分析

若两个变量 x 和 y 之间存在一定的关系,并通过试验获得 x 和 y 的一系列数据,用数学处理的方法得出这两个变量之间的关系式,这就是回归分析,也就是工程上所说的拟合问题,所得关系式称为经验公式,或称回归方程、拟合方程。

如果两变量 x 和 y 之间的关系是非线性关系,则称为一元非线性回归或称曲线拟合。前面已经介绍,对于非线性问题,可以通过坐标转换转化为线性回归问题进行处理。

道路工程中除了使用一元线性回归外,还采用二元回归分析和多元回归分析等。以下介绍常用的一元线性回归分析。设两变量之间的关系为 $y=f(x)$,通过试验可得到若干组对应数据 (x_1,y_1),(x_2,y_2),$\cdots$,(x_n,y_n)。根据这些数据在平面坐标系中绘出相应的数据点,当数据点大致分布在一条直线附近时,说明两变量 x 和 y 之间存在线性关系,即可以用一条适当的直线来表示这两个变量之间的关系,此直线方程为

$$y=a+bx \tag{3-14}$$

式中:a,b 为回归系数。

平面上的直线很多,而 a、b 值构成的最优直线必须使 $Y=a+bx$ 方程的函数值 Y_i 与实际测量值 y_i 之间的偏差最小。理论分析和工程实践均表明,最小二乘法确定的回归方程偏差最小,平均法次之,端值法偏差最大。为此,下面仅讨论最小二乘法。

最小二乘法的基本原理为:当所有变量数据的偏差平方和最小时,所拟合的直线最优。最小二乘法原理可表示为

$$Q=\sum_{i=1}^{n}(y_i-Y_i)^2=\sum_{i=1}^{n}(y_i-a-bx_i)^2=最小 \tag{3-15}$$

根据极值原理,要使 Q 最小,只需将上式分别对 a 和 b 求偏导数,并令其等于零,即

$$\frac{\partial Q}{\partial a}=\sum_{i=1}^{n}\left[-2(y_i-a-bx_i)\right]=0$$

$$\frac{\partial Q}{\partial b}=\sum_{i=1}^{n}\left[-2(y_i-a-bx_i)\right]=0 \tag{3-16}$$

根据上述两式,可以求得

$$b=\frac{L_{xy}}{L_{xx}} \tag{3-17}$$

$$a=\bar{y}-b\bar{x} \tag{3-18}$$

式中:

$$L_{xy}=\sum_{i=1}^{n}(x-\bar{x})(y-\bar{y})=\sum_{i=1}^{n}x_iy_i-\frac{1}{n}\left(\sum_{i=1}^{n}x_i\right)\left(\sum_{i=1}^{n}y_i\right) \tag{3-19}$$

$$L_{xx}\sum_{i=1}^{n}(x-\bar{x})^2=\sum_{i=1}^{n}x_i^2-\frac{1}{n}\left(\sum_{i=1}^{n}x_i\right)^2 \tag{3-20}$$

【例 3.8】 对 30 块混凝土试件进行强度试验,分别测定其抗压强度 R 和回弹值 N,试验结果列于表 3-3 中,试确定 R-N 之间的线性回归方程。

表 3-3 **R-N 试验结果**

序号	1	2	3	4	5	6	7	8	9	10
$X(N)$	27.1	27.5	30.3	31.0	35.7	35.4	38.9	37.6	26.9	25.0
$Y(R)$	12.2	11.6	16.9	17.5	20.5	32.1	31.0	32.9	12.0	10.8
序号	11	12	13	14	15	16	17	18	19	20
$X(N)$	28.0	31.0	32.2	37.8	36.6	36.6	24.2	31.0	30.4	33.3
$Y(R)$	14.4	18.4	22.8	27.9	32.9	30.8	10.8	15.2	16.3	22.4
序号	21	22	23	24	25	26	27	28	29	30
$X(N)$	37.2	38.4	37.6	22.9	30.5	30.4	29.7	36.7	37.8	36.0
$Y(R)$	31.7	27.0	32.5	10.6	12.9	14.6	18.6	25.4	23.2	28.3

【**解**】 经计算有

$$\bar{x} = 32.46 \quad \bar{y} = 21.14$$

$$\sum_{i=1}^{n} x_i^2 = 3247.27 \quad \sum_{i=1}^{n} y_i^2 = 15232.64$$

$$\left(\sum_{i=1}^{n} x_i\right)^2 = 948091.69 \quad \left(\sum_{i=1}^{n} y_i\right)^2 = 402209.64$$

$$\sum_{i=1}^{n} x_i y_i = 21574.35 \quad \left(\sum_{i=1}^{n} x_i\right) \cdot \left(\sum_{i=1}^{n} y_i\right) = 617520.54$$

根据式(3-19)、式(3-20)可求得：

$$L_{xx} = 644.21 \quad L_{xy} = 990.33$$

根据式(3-17)、式(3-18)可求得

$$b = L_{xy}/L_{xx} = 1.357$$

$$a = \bar{y} - b\bar{x} = -28.751$$

回归方程则为

$$Y = -28.751 + 1.357x$$

或

$$R = -28.751 + 1.357N$$

顺便说明,回归系数 b 的物理意义是回弹值 N 每增减1,抗压强度增减1.537MPa。

任何两个变量 x、y 的若干组试验数据,都可按上述方法配置一条回归直线,假如两变量 x、y 之间根本不存在线性关系,那么所建立的回归方程就毫无实际意义。因此,需要引入一个数量指标来衡量其相关程度,这个指标就是相关系数,用 r 表示：

$$r = \frac{L_{xy}}{\sqrt{L_{xx}L_{yy}}} \tag{3-21}$$

式中：

$$L_{yy} = \sum_{i=1}^{n}(y_i - \bar{y})^2 = \sum_{i=1}^{n} y_i^2 - \frac{1}{n}\left(\sum_{i=1}^{n} y_i\right)^2 \qquad (3\text{-}22)$$

相关系数 r 是描述回归方程线性相关的密切程度的指标,其取值范围为 $[-1,1]$,r 的绝对值越接近于 1,x 和 y 之间的线性关系越好,当 $r=\pm 1$ 时,x 与 y 之间符合直线函数关系,称 x 与 y 完全相关,这时所有数据点均在一条直线上。如果 r 趋近于 0,则 x 与 y 之间没关系,这时 x 与 y 可能不相关,也可能是曲线相关。

对于一个具体问题,只有当相关系数 r 的绝对值大于临界值 r_β 时,才可用直线近似表示 x 与 y 之间的关系,也就是 x 与 y 之间存在线性相关关系,其中临界值 r_β 与测量数据和显著性水平 β 有关,其值列于表 3-4 中。

表 3-4 相关系数检验表(r_β)

$n-2$	显著水平 β		$n-2$	显著水平 β		$n-2$	显著水平 β	
	0.01	0.05		0.01	0.05		0.01	0.05
1	1.000	0.997	15	0.606	0.482	29	0.456	0.355
2	0.990	0.950	16	0.590	0.468	30	0.449	0.349
3	0.959	0.878	17	0.575	0.456	35	0.418	0.325
4	0.917	0.811	18	0.561	0.444	40	0.393	0.304
5	0.874	0.754	19	0.549	0.433	45	0.372	0.288
6	0.834	0.707	20	0.537	0.423	50	0.354	0.273
7	0.798	0.666	21	0.526	0.413	60	0.325	0.250
8	0.765	0.632	22	0.515	0.404	70	0.302	0.232
9	0.735	0.602	23	0.505	0.396	80	0.283	0.217
10	0.708	0.576	24	0.496	0.388	90	0.267	0.205
11	0.684	0.553	25	0.487	0.381	100	0.254	0.195
12	0.661	0.532	26	0.478	0.374	200	0.181	0.138
13	0.641	0.514	27	0.470	0.367	300	0.148	0.113
14	0.623	0.497	28	0.463	0.361	400	0.128	0.098

复习思考题

1. 用来表示统计数据分布及其某些特性的特征量分为哪两类?每类包含哪些?
2. 常用的可疑数据的取舍方法有哪些?
3. 如何定义检验?检验可以分为哪两类方式?
4. 检验的可靠性与哪些因素相关?
5. 公路工程质量检验的随机抽样方法一般有哪几种?

第 4 章

沥青混合料常用指标检测

4.1 沥青混合料中沥青含量检测

沥青混合料的沥青含量是沥青的质量和沥青混合料总质量之比,也叫油石比,是沥青混合料配合比的重要指标,也是影响沥青路面质量与工程造价的关键指标。沥青混合料中的沥青含量检测方法主要有离心分离法、燃烧法、射线法 3 种。

4.1.1 离心分离法

1. 目的与使用范围

离心分离法适用于热拌热铺沥青混合料路面施工时的沥青用量检测,以评定拌和厂产品质量,也适用于旧路调查时检测沥青混合料的沥青用量。用此法抽提的沥青溶液可用于回收沥青,以评定沥青的老化性质。

2. 仪具与材料

(1) 离心抽提仪,如图 4-1 所示。转速为 3000r/min。

(2) 圆环形滤纸、回收瓶(1700mL 以上)、压力过滤装置、天平(感量不大于 0.01g、1mg 各一台)、量筒(最小分度值 1mL)、电烘箱(装有温度自动调节器)、三氯乙烯(工业用)、碳酸铵饱和溶液,另外还有小铲、金属板、大烧杯等。

图 4-1　离心抽提仪

3. 方法与步骤

1）试验取样

按沥青混合料取样方法,在拌和厂从运料车采取沥青混合料试样,放在金属盘中适当拌和,待温度稍下降后至100℃以下时,用大烧杯取混合料试样质量1000～1500g(粗粒式沥青混合料用高限,细粒式用低限,中粒式用中限),准确至0.1g。当试样在施工现场用钻机法或切割法取得时,应用电风扇吹风使其完全干燥,置烘箱中适当加热成松散状态后取样,不得用锤击,以防集料破碎。

2）实验步骤

(1) 向装有试样的烧杯中注入三氯乙烯溶剂将其浸泡30min,并用玻璃棒适当搅动混合料,且记录溶剂用量,使沥青充分溶解(也可直接在离心分离器中浸泡)。将混合料及溶液全部倒入离心分离器。

(2) 称取洁净的圆环形滤纸(不宜重复使用),质量准确至0.01g,并将滤纸垫在分离器边缘上,紧固盖子,将回收瓶放在分离器出口处。注意上口密封,防止流出液成雾状散失。

(3) 启动离心机,转速逐渐增至3000r/min,待沥青溶液停止流出后停机。

(4) 从上盖的孔中加入数量相同的新溶剂,稍停3～5min后,重复上述操作,如此数次直至流出的抽提液成清澈的淡黄色为止。

(5) 取下圆环形滤纸,其增重部分(m_2)为矿粉的一部分。

(6) 称取容器中经过(105 ± 5)℃的烘箱干燥后集料质量(m_1)。

(7) 用压力过滤器过滤回收瓶中的沥青溶液,由滤纸的增重得泄漏入滤液中矿粉质量(m_3),如无压力过滤器时,也可用燃烧法测定。用燃烧法测定抽提液中矿粉质量的步骤如下:

① 将回收瓶的抽提液倒入量筒中,准确定量至mL(V_a)。

② 充分搅匀抽提液,取出10mL(V_b)放入坩埚中,在热浴上适当加热使溶液试样成暗黑色后,置高温炉(500～600℃)中烧成残渣,取出坩埚冷却。

③ 向坩埚中按每1g残渣5mL的用量比例,注入碳酸铵饱和溶液,静置1h,放入(105 ± 5)℃烘箱中干燥。

④ 取出放在干燥器中冷却,称取残渣质量(m_4),准确至1mg。

4. 计算

(1) 沥青混合料中矿料的总质量按式(4-1)计算:

$$m_a = m_1 + m_2 + m_3 \tag{4-1}$$

式中:m_a 为沥青混合料中矿料部分的总质量,g;m_1 为容器中集料干燥质量,g;m_2 为圆环形滤纸在试验前后的增重,g;m_3 为泄漏入抽提液中的矿粉质量,g。

用燃烧法时可按下式计算：

$$m_3 = m_4 \times (V_a/V_b) \tag{4-2}$$

式中：V_a 为抽提液的总量，mL；V_b 为取出燃烧干燥的抽提液数量，mL；m_4 坩埚中燃烧干燥的残渣质量，g。

（2）沥青混合料中的沥青含量和油石比按下式计算：

$$P_b = \frac{m - m_a}{m} \tag{4-3}$$

$$P_a = \frac{m - m_a}{m_a} \tag{4-4}$$

式中：m 为沥青混合料的总质量，g；P_b 为沥青混合料的沥青含量，%；P_a 为沥青混合料的油石比，%。

5. 报告

同一沥青混合料试样至少平行试验两次，取其平均值作为试验结果。两次试验结果的差值应小于 0.3%，当大于 0.3% 但小于 0.5% 时应补充平行试验一次，以三次试验结果的平均值作为试验结果，三次试验的最大值与最小值之差不得大于 0.5%。

4.1.2　燃烧法

燃烧法测定沥青含量的基本原理是将一定质量的沥青混合料放入密闭的高温燃烧炉中充分燃烧，可燃的沥青被烧掉，只留下不可燃的无机矿物质，从而达到油石分离的目的。

1. 目的与适用范围

本方法采用燃烧法测定沥青混合料中沥青含量，也适用于对燃烧后的沥青混合料进行筛分分析。用于热拌沥青混合料以及从路面取样的沥青混合料在生产、施工过程中的质量控制。

2. 仪具与材料

（1）燃烧炉。由燃烧室、称量装置、自动数据采集系统、控制装置、空气循环装置、试样篮及其附件组成，参见图 4-2。

① 燃烧室能容纳 3500g 以上的沥青混合料试样，燃烧室的门在试验过程中应锁死。

② 称量装置。该标准方法的称量装置为内置天平，感量 0.1g，能够称量至少 3500g 的试样（不包括试样篮的质量）。

图 4-2　燃烧炉

③ 燃烧炉具有数据自动采集系统,在试验过程中可以实时检测并且显示质量,进行自动计算、显示试验结果并可以打印。试验时间为 30～40min/次。

④ 试样篮。2个及2个以上的试样篮可套放在一起,由网孔板做成,一般采用打孔的不锈钢或者其他合适的材料做成,通常网孔的尺寸最大为 2.36mm,最小为 0.6mm。

⑤ 托盘。放置于试样篮下方,以接收从试样篮中滴落的沥青和集料。

(2) 烘箱。温度应控制在设定值±5℃以内。

① 天平。满足称量试样篮以及试样的质量。感量不大于 0.1g。

② 防护装置。包括防护眼镜、隔热面罩、隔热手套、可以耐 650℃高温的隔热罩。试验结束后试样篮应该放在隔热罩内冷却。

③ 其他。包括天平底盘(比试样篮稍大)、刮刀、盆、钢丝刷等。

3. 方法与步骤

1) 试样取样

对于新拌制的沥青混合料,宜趁热放在金属盘或搪瓷盘中适当拌和,待温度下降至 100℃以下时,称取混合料试样,准确至 0.1g。当用钻孔法或切割法从路面上取得试样时,应用电风扇吹风使其完全干燥,不得用锤击,以防集料破碎;用烘箱(125±5)℃加热成松散状态,并至恒重;适当拌和后称取试样质量,准确至 0.1g;如果混合料已经结团,应在烘箱(125±5)℃中加热成松散状态后取样。

试样最小质量根据沥青混合料的集料公称最大粒径按表 4-1 选用。

表 4-1 试样最小质量要求

试样最小质量/g	公称最大粒径/mm	试样最小质量/g
1200	19	2000
1200	26.5	3000
1500	31.5	3500
1800	37.5	4000

2) 试样标定

对每种沥青混合料都必须进行标定,以确定沥青用量的修正系数和筛分级配的修正系数。当混合料中任何一档料的料源变化或者单档集料配合比变化超过 5%时均需标定,具体标定方法如下。

(1) 按照沥青混合料配合比设计的步骤,取代表性的各档集料,将各档集料放入 (105±5)℃烘箱加热至恒重。冷却后按配合比配出 5 份集料混合料(含矿粉)。将其中 2 份集料混合料进行水洗筛分。取筛分结果平均值为燃烧前的各档筛孔通过百分率 P_{Bi},其级配需满足被检沥青混合料的目标级配范围要求。

(2) 分别称量 3 份集料混合料质量 m_{B1},准确至 0.1g。按照配合比设计时成型试件的相同条件拌制沥青混合料,如沥青的加热温度、集料的加热温度和拌和温度等。

(3) 在拌制 2 份标定试样前,先将 1 份沥青混合料进行洗锅,其沥青用量宜比目标沥青用量 P_b 多 0.3%～0.5%,目的是使拌和锅的内侧先附着一些沥青和粉料,这样可以防止在拌制标定用的试样过程中拌和锅粘料导致试验误差。正式分别拌制 2 份标定试样,其沥青用量为目标沥青用量 P_b,将集料混合料和沥青加热后,先将集料混合料全部放入拌和机,然后称量沥青质量 m_{B2},准确至 0.1g。将沥青放入拌和锅开始拌和,拌和后的试样质量应满足表 4-1 要求,称量试样篮和托盘质量 m_{B3},准确至 0.1g,拌和好的沥青混合料应直接放进试样篮中。

(4) 预热燃烧炉。将燃烧温度设定为 (538 ± 5) ℃。设定修正系数为 0。

(5) 试样篮放入托盘中,将加热的试样均匀地在试样篮中摊平,尽量避免试样太靠近试样篮边缘。称量试样、试样篮和托盘的总质量 m_{B4},准确至 0.1g。计算初始试样总质量 m_{B5}(即 $m_{B4}-m_{B3}$),并将 m_{B5} 输入到燃烧炉控制程序中。

(6) 将试样篮、托盘和试样放入到燃烧炉,关闭燃烧室门,检查燃烧炉控制程序显示的 m_{B4} 质量是否准确,即试样、试样篮和托盘总质量(m_2)与显示质量(m_{B4})的差值不大于 5g,否则需要调整托盘的位置。

(7) 锁定燃烧室的门,启动"开始"按钮进行燃烧。燃烧至连续 3min 试样质量每分钟损失率小于 0.01% 时,燃烧炉会自动发出警示声音或者指示灯亮起报警,并停止燃烧。燃烧炉控制程序自动计算试样燃烧损失质量 m_{B6},准确至 0.1g。按下"停止"按钮,燃烧室的门会解锁,并打印试验结果,从燃烧室中取出试样盘。燃烧结束后,罩上保护罩适当冷却。将冷却后的残留物倒入大盘子中,用钢丝刷清理试样篮确保所有残留物都刷到盘子中待用。

(8) 重复以上步骤将第 2 份混合料燃烧。

根据下式分别计算两份试样的质量损失系数 C_{fi}:

$$C_{fi} = \left(\frac{m_{B6}}{m_{B5}} - \frac{m_{B2}}{m_{B1}} \right) \times 100\% \tag{4-5}$$

式中:C_{fi} 为质量损失系数;m_{B1} 为每份集料混合质量,g;m_{B2} 为沥青质量,g;m_{B5} 为初始试样总质量,g;m_{B6} 为试样燃烧损失质量,g。

(9) 当两个试样的质量损失系数差值不大于 0.15% 时,则取平均值作为沥青用量的修正系数 C_f;当两个试样的质量损失系数差值大于 0.15% 时,则重新准备两个试样按以上步骤进行燃烧试验,得到 4 个质量损失系数,除去 1 个最大值和 1 个最小值,将剩下的 2 个修正系数取平均值作为沥青用量的修正系数 C_f。

(10) 当沥青用量的修正系数 C_f 小于 0.5% 时,进行级配筛分。当沥青用量的修正系数 C_f 大于 0.5% 时,设定 (482 ± 5) ℃燃烧温度重新标定,得到 482℃的沥青用量的修正系数 C_f。如果 482℃和 538℃得到的沥青用量的修正系数差值在 0.1% 以内,则仍以 538℃

的沥青用量作为最终的修正系数 C_f；如果修正系数差值大于 0.1%，则以 482℃ 的沥青用量作为最终修正系数 C_f。

（11）确保试样在燃烧室得到完全燃烧。如果试样燃烧后仍然有发黑的物质，说明没有完全燃烧干净。如果沥青混合料试样的数量超过了设备的试验能力，或者一次试样质量太多燃烧不够彻底时，可将试样分成两等份分别测定，再合并计算沥青含量。不宜人为延长燃烧时间。

（12）级配筛分。用最终沥青用量修正系数 C_f 所对应的 2 份试样的残留物进行筛分，取筛分平均值为燃烧后沥青混合料各筛孔的通过率 P'_{Bi}。燃烧前、后各筛孔通过率差值均符合表 4-2 的范围时，则取各筛孔的通过百分率修正系数 $C_{Pi}=0$，否则应按下式进行燃烧后混合料级配修正：

$$C_{fi} = P'_{Bi} - P_{Bi} \tag{4-6}$$

式中：P'_{Bi} 为燃烧后沥青混合料各筛孔的通过率，%；P_{Bi} 为燃烧前各挡筛孔通过百分率，%。

表 4-2 燃烧前后混合料级配允许差值

筛孔/mm	≥2.36	0.15~0.18	0.075
允许差值	±5%	±3%	±0.5%

3）试验步骤

（1）将燃烧炉预热到设定温度（设定温度与标定温度相同）。将沥青用量的修正系数 C_f 输入到控制程序中，将打印机连接好。

（2）将试样放在 (105±5)℃ 的烘箱中烘至恒重。

（3）称量试样篮和托盘的质量 m_1，准确至 0.1g。

（4）试样篮放入托盘中，将加热的试样均匀地摊平在试样篮中。称量试样、试样篮和托盘总质量 m_2，准确至 0.1g。计算初始试样总质量 m_3（即 $m_2 - m_1$），将 m_3 作为初始的试样质量输入到燃烧炉控制程序中。

（5）将试样篮、托盘和试样放入燃烧炉，关闭燃烧室的门。查看燃烧炉控制程序显示质量。即试样、试样篮和托盘总质量 (m_2) 与显示质量 (m_{B4}) 的差值不得大于 5g，否则需调整托盘的位置。

（6）锁定燃烧室的门，启动"开始"按钮进行燃烧。烧至连续 3min 试样质量每分钟损失率小于 0.01% 时结束，燃烧炉控制程序自动计算试样损失质量 m_4，准确至 0.1g。

（7）按照式 (4-7) 计算修正后的沥青用量 P，准确至 0.01%。此值也可由燃烧炉控制程序自动计算。

$$P = \left(\frac{m_4}{m_3} \times 100\% \right) - C_f \tag{4-7}$$

（8）燃烧结束后，取出试样篮罩上保护罩，待试样适当冷却后，将试样篮中残留物倒入大盘子中，用钢丝刷将试样篮所有残留物都清理到盘子中，然后进行筛分，得到燃烧后沥青混合料各筛孔的通过率 P'_i，修正得到混合料级配 P_i（即 $P'_i - C_{pi}$）。沥青用量的重复性试验允许误差为 0.11%，再现性试验的允许误差为 0.17%。

4. 报告

同一沥青混合料试样至少平行测定两次，取平均值作为实验结果。报告内容应包括燃烧炉类型、试验温度、沥青用量的修正系数、试验前后试样质量和测定的沥青用量试验结果，并将标定和测定时的试验结果打印并附到报告中。当需要进行筛分试验时，还应包括混合料的筛分结果。

4.1.3　射线法

射线法是利用放射性元素测定沥青含量的方法，原理与核子密度仪相同，仪器由放射源、探测器、微处理机组成。放射源发射的高能中子与沥青混合料中的氢原子碰撞后被减速慢化，从快中子被慢化的程度按标定的曲线，计算混合料中的沥青含量。此方法操作简单、方便快捷，只需 4min 就可以得出测定结果，且取样较大，代表性强，不存在测定时矿粉损失对结果的影响问题，精度较高，适用于大型沥青拌和站的质量控制。不足之处是它只能测定出沥青含量，不能同时测出矿粉级配，且只适用黏稠石油沥青。使用时应注意不同标号品种的沥青，要对仪器进行标定。该法受环境影响较大，挪动地点时必须重新标定。操作人员必须进行培训，持证上岗，试验时做好防护，严格遵守操作规程，经常对仪器进行放射性安全鉴定。

4.2　沥青混合料的马歇尔稳定度试验

马歇尔试验是目前沥青混合料中最重要的试验方法之一，主要用于检测沥青混合料的高温稳定性，即在夏季高温（60℃）条件下，经过车辆荷载长期重复作用后，沥青路面不产生车辙和波浪等病害的性能，以及受水损害时的抗剥落能力，检验沥青混合料配合比设计的可靠性，为确定沥青最佳用量提供试验数据。

马歇尔稳定度试验是按标准击实的试件在规定的稳定和速度条件下受压，测定沥青混合料的稳定度和流值等指标所进行的试验。该方法用于标准马歇尔稳定度试验和浸水马歇尔稳定度试验。标准马歇尔稳定度试验用于沥青混合料的配合比及沥青路面施工质量检验。浸水马歇尔稳定度试验（根据需要，也可做真空饱水马歇尔试验）主要是检验沥青混合料的水稳定性。使用大型马歇尔试件时称为大型马歇尔试验。

4.2.1 标准马歇尔稳定度试验

1. 目的与适用范围

沥青混合料稳定度试验的目的是进行沥青混合料配合比设计和沥青路面施工质量检验,本方法适用于标准的马歇尔试件和大型马歇尔试件。

2. 仪具与材料

(1) 沥青混合料马歇尔试验仪,分为自动式和手动式。对于高速公路和一级公路的沥青混合料宜采用自动马歇尔试验仪,用计算机或 X-Y 记录仪记载荷载-位移曲线,并具有自动测定荷载与试件垂直变形的传感器、位移计,能自动显示和打印试验结果。手动式由人工操作,试验数据通过操作者目测后读取数据。目前国内绝大部分单位采用的是自动马歇尔试验仪,只有很少的单位或在低等级道路上仍在使用手动马歇尔试验仪。

当集料公称最大粒径小于或等于 26.5mm 时,宜采用 ϕ101.6mm×63.5mm 标准马歇尔试件,试验仪最大荷载不小于 25kN,读数准确度为 100N,加载速率应保持在 (50 ± 5)mm/min。钢球直径 16mm,上下压头曲率半径为 50.8mm。

当集料公称最大粒径大于 26.5mm 时,宜采用 ϕ152.4mm×95.3mm 大型马歇尔试件,试验仪最大荷载不得小于 50kN,读数准确度为 100N。上下压头曲率内径为(152.4 ± 0.2)mm,上下压头间距为(19.05 ± 0.1)mm,如图 4-3 所示。

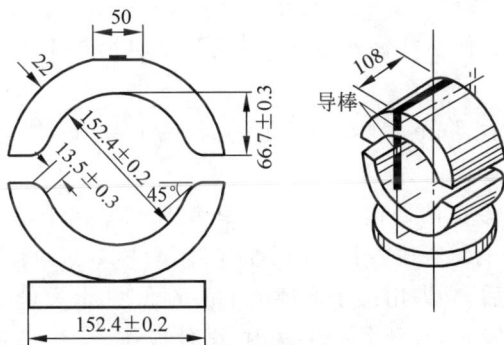

图 4-3　大型马歇尔试件压头

(2) 恒温水槽,控温准确度为 1℃,深度不小于 150mm。

(3) 真空饱水容器,包括真空泵及真空干燥器。

(4) 烘箱。

(5) 天平,感量不大于 0.1g。

(6) 温度计,分度为 1℃。

（7）卡尺。

（8）其他，如棉纱、黄油。

3. 马歇尔标准试件的制备

击实法成型步骤如下：

（1）按照规范要求拌和沥青混合料。当集料公称最大粒径小于或等于 26.5mm 时，采用标准击实法。一组试件的数量不少于 4 个。当集料公称最大粒径大于 26.5mm 时，宜采用大型击实法。一组试件数量不少于 6 个。

（2）将拌好的沥青混合料，用小铲适当拌和均匀，称取一个试件所需的用量（标准马歇尔试件约 1200g，大型马歇尔试件约 4050g），当已知沥青混合料的密度时，可根据试件的标准尺寸计算并乘以 1.03 得到要求的混合料数量。当一次拌和几个试件时，宜将其倒入经预热的金属盘中，用小铲适当拌和均匀分成几份，分别取用。在试件制作过程中，为防止混合料温度下降，应连盘放在烘箱中保温。

（3）从烘箱中取出预热的试模及套筒，用蘸有少许黄油的棉纱擦拭套筒、底座及击实锤底面，将试模装在底座上，放一张圆形的吸油性小的纸，用小铲将混合料铲入试模中，用插刀或大螺丝刀沿周边插捣 15 次，中间捣 10 次。插捣后将沥青混合料表面整平。对大型击实法的试件，混合料分两次加入，每次插捣次数同前。

（4）插入温度计至混合料中心附近，检查混合料温度。

（5）待混合料温度符合要求的压实温度后，将试模连同底座一起放在击实台上固定。在装好的混合料上面垫一张吸油性小的圆纸，再将装有击实锤及导向棒的压实头放入试模中。开启电机，使击实锤从 457mm 的高度自由落下直到击实规定的次数（75 次或 50 次）。

（6）试件击实一面后，取下套筒，将试模翻面，装上套筒；然后以同样的方法和次数击实另一面。

乳化沥青混合料试件在两面击实后，将一组试件在室温下横向放置 24h；另一组试件置温度为（105±5）℃的烘箱中养生 24h。将养生试件取出后再立即两面锤击各 25 次。

（7）试件击实结束后，立即用镊子取掉上下面的纸，用卡尺量取试件离试模上口的高度，并由此计算试件高度。高度不符合要求时，试件应作废，并按下式调整试件的混合料质量，以保证高度符合（63.5±1.3）mm（标准试件）或（95.3±2.5）mm（大型试件）的要求。

$$调整后的混合料质量 = \frac{要求试件高度 \times 原用混合料质量}{所得试件的高度} \qquad (4\text{-}8)$$

（8）卸去套筒和底座，将装有试件的试模横向放置冷却至室温后（不少于 12h），置脱模机上脱出试件。用于现场马歇尔指标检验的试件，在施工质量检验过程中若急需试验，允许采用电风扇吹冷 1h 或浸水冷却 3min 以上的方法脱模，但浸水脱模法不能用于测量密度、空隙率等各项物理指标。

（9）将试件仔细置于干燥洁净的平面上,供试验用。

4. 标准马歇尔试验方法

1）准备工作

按照标准击实法成型马歇尔试件,标准的马歇尔试件尺寸应符合直径(101.6±0.2)mm、高(63.5±1.3)mm 的要求。对于大型马歇尔试件,尺寸应符合直径(152.4±0.2)mm、高(95.3±2.5)mm 的要求。

测量试件直径和高度。用卡尺测量试件中部的直径,用马歇尔试件高度测定器或卡尺在十字对称的 4 个方向量测距试件边缘 10mm 处的高度,精确至 0.1mm,并取 4 个值的平均值作为试件的高度。如试件高度不符合(63.5±1.3)mm 或(95.3±2.5)mm 要求或两侧高度差大于 2mm 时,此试件应作废。

按 JTG E20—2011《公路工程沥青及沥青混合料试验规程》规定的方法测定试件的密度,并计算空隙率、沥青体积百分率、沥青饱和度、矿料间隙率等物理指标。

将恒温水槽调节至要求的试验温度,对黏稠石油沥青或烘箱养生过的乳化沥青混合料为(60±1)℃,对煤沥青混合料为(33.8±1)℃,对空气养生的乳化沥青或液体沥青混合料为(25±1)℃。

2）试验步骤

将测定密度后的试件置于已达规定温度的恒温水槽中保温,对于标准的马歇尔试件保温时间需 30~40min,对大型的马歇尔试件需 45~60min。试件之间应有间隔并架起,试件离水槽底部不小于 5cm。

将马歇尔试验仪的上下压头放入水槽或烘箱中达到同样温度。将上下压头从水槽或烘箱中取出并擦拭干净内表面。为使上下压头滑动自如,可在上下压头的导棒上涂少许黄油。再将试件取出置于下压头上,盖上上压头,然后装在加载设备上。

在上压头的球座上放好钢球,并对准荷载测定装置的压头。

当采用自动马歇尔试验仪时,将自动马歇尔试验仪的压力传感器、位移传感器与计算机或 X-Y 记录仪正确连接,调整好适宜的放大比例,将压力和位移传感器调零。

当采用压力环和流值计时,将流值计安装在导棒上,使导向套管轻轻地压住上压头,同时将流值计读数调零。调整压力环中百分表,对零。

启动加载设备,使试件承受荷载,加载速度为(50±5)mm/min。计算机或 X-Y 记录仪自动记录传感器压力和试件变形曲线并将数据自动存入计算机。

当试验荷载达到最大值的瞬间,取下流值计,同时读取应力环中百分表或荷载传感器读数及流值计读数。

从恒温水槽中取出试件至测出最大荷载值的时间,不应超过 30s。

5. 结果计算

1）稳定度及流值

当采用自动马歇尔试验仪时，将计算机采集的数据绘制成压力和试件变形曲线，或由 X-Y 记录仪自动记录的荷载-变形曲线，按图 4-4 所示的方法在切线方向延长曲线与横坐标相交于 O_1，将 O_1 作为修正原点，从 O_1 起量取相应于最大荷载值时的变形作为流值（FL），以 mm 计，

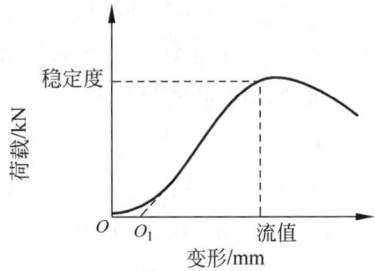

图 4-4 马歇尔试验结果的修正方法

精确至 0.1mm。最大荷载即为稳定度（MS），以 kN 计，精确至 0.01kN。

采用应力环百分表和流值计测定时，根据应力环标定曲线，将应力环中百分表的读数换算为荷载值，或者由荷载测定装置读取的最大值即试件的稳定度（MS），以 kN 计，精确至 0.01kN。由流值计及位移传感器测定装置读取试件的垂直变形，即为试件的流值（FL），以 mm 计，准确至 0.1mm。

2）试件的马歇尔模数计算

$$T = \frac{MS}{FL} \tag{4-9}$$

式中：T 为试件的马歇尔模数，kN/mm；MS 为试件的稳定度，kN；FL 为试件的流值，mm；

6. 试验结果评价

当一组测定值中某个数值与平均值之差大于标准差 k 倍时，该测定值应予以舍弃，并以其余测定值的平均值作为试验结果。当试验数 n 为 3、4、5、6 时，k 值分别为 1.15、1.46、1.67、1.82。

采用自动马歇尔试验仪时，试验结果应附上荷载-变形曲线原件或打印结果，并报告马歇尔稳定度、流值、马歇尔模数以及试件尺寸、试件的密度、空隙率、沥青用量、沥青体积百分率、沥青饱和度、矿料间隙率等各项物理指标。

进行马歇尔试验的主要目的是确定沥青最佳用量。最佳沥青用量将保证沥青混合料的技术性能达到最好。而技术性能要通过稳定度、流值、密度和空隙率等来反映。

稳定度是指沥青混合料抵抗荷载破坏的能力，是反映沥青混合料强度的指标。流值是指混合料在荷载作用下的变形数量，是反映沥青混合料变形的指标。流值过低而稳定度过高的混合料，一般沥青含量少，沥青混合料刚度大，柔性低，不仅影响公路的舒适性，且耐久性差，易渗水，路面在荷载作用下易产生菠萝松散等破坏。流值过高而稳定度低的沥青混合料强度低，变形大，高温稳定性不足，同样会缩短路面的使用寿命。

密度与空隙率对道路的使用寿命也很重要。密度小而空隙率大的路面容易进入空气

和水,加速路面老化和剥落。但也要求留有一定的空隙,使之在荷载作用下,路面进一步压实时为沥青提供一定的流动空间,否则会出现泛油现象。

沥青混合料的最佳沥青用量要通过试验后绘制沥青用量与各物理-力学指标关系曲线来确定,在此不再赘述。在设计与施工规范中,密级配沥青混凝土混合料马歇尔试验技术标准要求见表4-3。

表4-3　密级配沥青混凝土混合料马歇尔试验技术标准

(本表适用于公称最大粒径≤26.5mm的密级配沥青混凝土混合料)

试验指标		单位	高速公路、一级公路				其他等级公路	行人道路
			夏炎热区(1-1、1-2、1-3、1-4区)		夏热区及夏凉区(2-1、2-2、2-3、2-4、3-2区)			
			中轻交通	重载交通	中轻交通	重载交通		
击实次数(双面)		次	75				50	50
试件尺寸		mm	$\phi 101.6mm \times 63.5mm$					
空隙率 VV	深约90mm以内	%	3~5	4~6	2~4	3~5	3~6	2~4
	深约90mm以下	%	3~6		2~4	3~6	3~6	—
稳定度 MS≥		kN	8				5	3
流值 FL		mm	2~4	1.5~4	2~4.5	2~4	2~4.5	2~5
矿料间隙率 VMA/%	设计空隙率/%	相应于以下公称最大粒径(mm)的最小VMA及VFA技术要求(%)						
		26.5	19	16	13.2	9.5	4.75
	2	10	11	11.5	12	13	15
	3	11	12	12.5	13	14	16
	4	12	13	13.5	14	15	17
	5	13	14	14.5	15	16	18
	6	14	15	15.5	16	17	19
沥青饱和度 VFA/%			55~70		65~75		70~85	

注:① 对空隙率大于5%的夏炎热区重载交通路段,施工时应至少提高压实度1个百分点。

　② 当设计的空隙率不是整数时,由内插确定要求的VMA最小值。

　③ 对改性沥青混合料,马歇尔试验的流值可适当放宽。

7. 说明及注意事项

(1)试件直径及高度必须合乎规范要求。马歇尔试验变异性与试件的成型高度关系很大,尤其是空隙率可能相差较大,所以制件时要很好控制试件高度,如高度不符合(63.5±1.3)mm要求或(95.3±2.5)mm要求或两侧高度差大于2mm时,此试件作废。

(2)试件从恒温水箱中取出至测出最大荷载值的时间,不得超出30s。

(3)试件保温温度和保温时间严格按规范要求控制。

（4）启动加载设备，使试件承受荷载，加载速度为(50 ± 5)mm/min。

（5）将试件置于下压头上，盖上上压头，需要上下对准。

（6）在工程中有时出现马歇尔试验的荷载-变形曲线的顶部很平坦的现象，即荷载增加很小，变形却持续不断增大，改性沥青和 SMA 混合料也经常出现这种情况，致使对应最大荷载（稳定度）处的变形（流值）很大。在这种情况下，可以以最大荷载的 98% 对应的变形值作为流值，但应该在试验报告中如实说明。

4.2.2　沥青路面芯样马歇尔试验

1. 目的与适用范围

本方法适用于从沥青路面钻取的芯样进行马歇尔试验，供评定沥青路面施工质量是否符合设计要求或进行路况调查。标准芯样钻孔试件的直径为 100mm，适用的试件高度为 30～80mm；大型钻孔试件的直径为 150mm，适用的试件高度为 80～100mm。

2. 仪具与材料

本方法所用的仪具与材料和沥青混合料马歇尔试验相同。

3. 方法与步骤

（1）按现行 JTG E60—2008《公路路基路面现场测试规程》的方法钻取压实沥青混合料路面芯样试件。

（2）试验前必须将芯样试件黏附的黏层油、透层油和松散颗粒等清理干净。对与多层沥青混合料联结的芯样，宜采用以下方法进行分离：在芯样上对不同沥青混合料层间画线作标记，然后将芯样在 0℃ 以下冷却到 20～25min；取出芯样，用宽 5cm 以上的凿子对准层间画线标记处，用锤子敲打凿子，在敲打过程中不断旋转试件，直到试件分开；如果以上方法无法将试件分开，特别是层与层之间的界限难以分清时，宜采用切割方法进行分离。切割时需要连续加冷却水切割，并注意观察，保证切割后的试件不能含有其他层次的混合料。

（3）试件宜在阴凉处存放（温度不宜高于 35℃），且放置在水平的地方，注意不要使试件产生变形等。

（4）如缺乏沥青用量、矿料配合比及各种材料的密度数据时，应按 JTG E20—2011 测定沥青混合料的理论最大密度。

（5）按 JTG E20—2011 规定的方法测定试件的密度，并计算空隙率、沥青体积百分率、沥青饱和度、矿料间隙率等体积指标。

（6）用卡尺测定试件的直径，取两个方向的平均值。

（7）测定试件的高度，取 4 个对称位置的平均值，准确至 0.1mm。

（8）按 JTG E20—2011 的方法进行马歇尔试验,由试验实测稳定度乘以表 4-4 或表 4-5 的试件高度修正系数 K 得到标准高度试件的稳定度 MS,其余与沥青混合料马歇尔稳定度试验方法相同。

表 4-4　现场钻取芯样试件高度修正系数（适用于 $\phi100mm$ 的试件）

试件高度/cm	修正系数 K	试件高度/cm	修正系数 K
2.47～2.61	5.56	5.16～5.31	1.39
2.62～2.77	5.00	5.32～5.46	1.32
2.78～2.93	4.55	5.47～5.62	1.25
2.94～3.09	4.17	5.63～5.80	1.19
3.10～3.25	3.85	5.81～5.94	1.14
3.26～3.40	3.57	5.95～6.10	1.09
3.41～3.56	3.33	6.11～6.26	1.04
3.57～3.72	3.03	6.27～6.44	1.00
3.73～3.88	2.78	6.45～6.60	0.96
3.89～4.04	2.50	6.61～6.73	0.93
4.05～4.20	2.27	6.74～6.89	0.89
4.21～4.36	2.08	6.90～7.06	0.86
4.37～4.51	1.92	7.07～7.21	0.83
4.52～4.67	1.79	7.22～7.37	0.81
4.68～4.87	1.67	7.38～7.54	0.78
4.88～4.99	1.50	7.55～7.69	0.76
5.00～5.15	1.47		

表 4-5　现场钻取芯样试件高度修正系数（适用于 $\phi150mm$ 的试件）

试件高度/cm	试件体积/cm^3	修正系数 K
8.81～8.97	1608～1636	1.12
8.98～9.13	1637～1665	1.09
9.14～9.29	1666～1694	1.06
9.30～9.45	1695～1723	1.03
9.46～9.60	1724～1752	1.00
9.61～9.76	1753～1781	0.97
9.77～9.92	1782～1810	0.95
9.93～10.08	1811～1839	0.92
10.09～10.24	1840～1868	0.90

4.3 沥青混合料的车辙试验

沥青混合料是典型的流变性材料,它的强度和劲度模量随温度升高而降低,所以沥青路面在夏季高温时,在重交通荷载重复作用下,由于交通的渠化,在轮迹带逐渐形成中间下凹、两侧鼓起的变形,称为车辙。这是现代高等级沥青路面最常见的病害。

沥青混合料高温稳定性是指沥青混合料夏季高温(通常为60℃)条件下,经车辆荷载长期重复作用后,不产生车辙和波浪等病害的性能。车辙试验主要是用来测定沥青混合料的高温抗车辙能力,供沥青混合料配合比设计的高温稳定性检验使用。具体试验是用轮碾成型机碾压成型的长300mm、宽300mm、厚50~100mm的板块状试件。根据工程需要也可采用其他尺寸的试件,也可以现场切割板块状试件,切割试件的尺寸根据现场面层的实际情况由试验确定。

车辙试验的温度与轮压(试验轮与试件的接触压强)可根据有关规定和需要选用,非经注明,试验温度为60℃,轮压为0.7MPa。根据需要,若在寒冷地区也可采用45℃,在高温条件下试验温度可采用70℃等,对重载交通的轮压可增加至1.4MPa,但应在报告中注明。计算动稳定度的时间原则上为试验开始后45~60min。动稳定度是指标准试件在规定的条件下,以一定荷载的轮子在同一轨迹作一定时间的反复行走,然后计算试件变形1mm所需车轮行走的次数。以此作为沥青混合料车辙试验的结果。

1. 仪具与材料

1)车辙试验机

如图4-5所示,主要由下列部分组成。

(1)试件台。可牢固地安装两种宽度(300mm和150mm)的规定尺寸试件的试模。

(2)试验轮。橡胶制的实心轮胎。外径ϕ200mm,轮宽50mm,橡胶层厚15mm。橡胶硬度(国际标准硬度)20℃时为84±4;60℃为78±2,试验轮行走距离为(230±10)mm,往返碾压速度为(42±1)次/min(往返21次/min),允许采用曲柄连杆驱动试验台运动(试验轮不动)或链驱动试验轮运动(试验台不动)的任一种方式。

图4-5 车辙试验仪

(3)加载装置。使试验轮与试件的接触压强在60℃时为(0.7±0.05)MPa,施加的总荷载为780N左右,根据需要可以调整。

（4）试模。钢板制成，由底板及侧板组成，试模内侧尺寸长为 300mm，宽为 300mm，厚为 50～100mm（实验室制作），也可根据需要对厚度进行调整。

（5）变形测量装置。自动检测车辙变形并记录曲线的装置，通常用 LVDT，电测百分表或非接触位移计。位移测量范围 0～130mm，精度±0.01mm。

（6）温度检测装置。自动检测并记录试件表面及恒温室内温度的温度传感器、温度计（精度±0.5℃）。温度应能自动连续记录。

（7）恒温室。恒温室应具有足够的空间。车辙试验机必须整机安放在恒温室内，装有加热器、气流循环装置及装有自动温度控制设备，同时恒温室还应有至少能保温 3 块试件并进行试验的条件。保持恒温室温度（60±1）℃（试件内部温度（60±0.5）℃），根据需要也可采用其他试验温度。

2）轮碾成型机

如图 4-6 所示。具有与钢筒式压路机相似的圆弧形碾压轮，轮宽 300mm，压实线荷载为 300N/cm，碾压行程等于试件长度，经碾压后的板块状试件可达到马歇尔试验标准击实密度的（100±1）％。

3）实验室用沥青混合料拌和机

能保证拌和温度并充分拌和均匀，可控制拌和时间，宜采用容量大于 30L 的大型沥青混合料拌和机，也可采用容量大于 10L 的小型拌和机。

图 4-6 轮碾成型机

4）烘箱

大、中型各 1 台，装有温度调节器。

5）台秤、天平或电子秤

称量 5kg 以上的，感量不大于 1g；称量 5kg 以下的，用于称量矿料的感量不大于 0.5g，用于称量沥青的感量不大于 0.1g。

6）沥青黏度测定设备

布洛克菲尔德黏度计、真空减压毛细管。

7）小型击实锤

钢制端部断面 80mm×80mm，厚 10mm。带手柄，总质量 0.5kg 左右。

8）温度计

分度值 1℃。宜采用有金属插杆的插入式数显温度计，金属插杆的长度不小于 150mm。量程 0～300℃。

9）其他

电炉或煤气炉、沥青熔化炉、拌和铲、标准筛、滤纸、胶布、卡尺、秒表、粉笔、垫木、棉纱等。

2. 试验方法与步骤

轮碾法适用于长 300mm×宽 300mm×厚 50～100mm 板块状试件的成型,此试件也可用切割机切制成棱柱体试件,或在实验室用取芯机钻取试样。成型试件的密度应符合马歇尔标准击实试样密度(100±1)％的要求。

沥青混合料试件制作时的试件厚度可根据集料粒径大小及工程需要进行选择。对于集料公称最大粒径小于或等于 19mm 的沥青混合料,宜采用长 300mm×宽 300mm×厚 50mm 的板块试模成型;对于集料公称最大粒径等于 26.5mm 的沥青混合料,宜采用长 300mm×宽 300mm×厚 80～100mm 的板块试模成型。

轮碾法制作沥青混合料试件的方法与步骤如下:

1) 准备工作

(1) 用击实法决定制作沥青混合料试件的拌和与压实温度。常温沥青混合料的拌和及压实在常温下进行。

(2) 按 JTG E20—2011《公路工程沥青及沥青混合料试验规程》在拌和厂或施工现场采取代表性的沥青混合料,如混合料温度符合要求,可直接用于成型。在实验室人工配制沥青混合料时,按击实法准备矿料及沥青。常温沥青混合料的矿料不加热。

(3) 将金属试模及小型击实锤等置 100℃左右烘箱中加热 1h 备用。常温沥青混合料用试模不加热。

(4) 当采用大容量沥青混合料拌和机时,宜一次拌和;当采用小型混合料拌和机时,可分两次拌和。混合料质量及各种材料数量由试件的体积按马歇尔标准密度乘以 1.03 的系数求得。常温沥青混合料的矿料不加热。

2) 轮碾成型方法

(1) 将预热的试模从烘箱中取出,装上试模框架;在试模中铺一张裁好的普通纸(可用报纸)。使底面及侧面均被纸隔离;将拌和好的全部沥青混合料(注意不得散失,分两次拌和的应倒在一起),用小铲稍加拌和后均匀地沿试模由边至中按顺序转圈装入试模,中部要略高于四周。

(2) 取下试模框架,用预热的小型击实锤由边至中转圈夯实一遍,整平成凸圆弧形。

(3) 插入温度计,待混合料达到 JTG E20—2011 规定的压实温度(为使冷却均匀,试模底下可用垫木支起)时,在表面铺一张裁好尺寸的普通纸。

(4) 成型前将碾压轮预热至 100℃左右;然后,将盛有沥青混合料的试模置于轮碾机的平台上,轻轻放下碾压轮,调整总荷载为 9kN(线荷载 300N/cm)。

(5) 自动轮碾机,先在一个方向碾压 2 个往返(4 次);卸荷;再抬起碾压轮,将试件调转方向;再加相同荷载碾压至马歇尔标准密实度(100±1)％为止。试件正式压实前,应经试压,测定密度后,确定试件的碾压次数。对普通沥青混合料,一般 12 个往返(24 次)左右可达要求(试件厚为 50mm)。

（6）压实成型后，揭去表面的纸，用粉笔在试件表面标明碾压方向。

（7）将盛有压实试件的试模置室温下冷却，至少 12h 后方可脱模。

3）车辙试验

（1）准备工作

① 测定试验轮接地压强。测定在 60℃ 时进行，在试验台上放置一块 50mm 厚的钢板，其上铺一张毫米方格纸，再铺一张新的复写纸，以规定加载 700N 荷载后试验轮静压复写纸，即可在方格纸上得出轮压面积，由此求出接地压强，应符合（0.7±0.05）MPa。如不符合，应适当调整荷载。

② 按轮碾法成型试件后，连同试模一起在常温条件下放置时间不得少于 12h。对聚合物改性沥青，以 48h 为宜。试件的标准尺寸为 300mm×300mm×50mm，也可从路面切割得到 300mm×150mm×50mm 的试件。

③ 当直接在拌和厂取拌和好的沥青混合料样品制作车辙试验试件检验生产配合比设计或混合料生产质量时，必须将混合料装入保温桶中，在温度下降至成型温度之前迅速送达实验室制作试件。如果温度稍有不足，可放在烘箱中稍适加热（时间不超过 30min）后成型，但不得将混合料放冷却后二次加热重塑制作试件。重塑制件的试验结果仅供参考，不得用于评定配合比设计检验是否合格的标准。

④ 如需要，将试件脱模按规定的方法测定密度及空隙率等各项物理指标。

⑤ 试件成型后，连同试模一起在常温条件下放置的时间不得少于 12h。对聚合物改性沥青混合料，放置的时间以 48h 为宜，使聚合物改性沥青充分固化后方可进行车辙试验，室温放置时间不得长于一周。

（2）试验步骤

将试件连同试模，置于达到试验温度（60±1）℃的恒温室中，保温不少于 5h，也不多于 24h。在试件的试验轮不行走的部位上粘贴一个热电偶温度计，控制试件温度稳定在（60±0.5）℃。

将试件连同试模移置于车辙试验机的试验台上，试验轮在试件的中央部位，其行走方向须与试件碾压方向一致。开动车辙变形自动记录仪，然后启动试验机，使试验轮往返行走，时间约 1h，或最大变形达到 25mm 为止。试验时，记录仪自动记录变形曲线及试件温度。

对于 300mm 宽且试验时变形较小的试件，也可对同一试件在两侧 1/3 位置上进行两次试验取平均值。

3. 结果计算

（1）从车辙试验变形曲线读取 45min（t_1）及 60min（t_2）时的车辙变形 d_1 及 d_2，精确至 0.01mm，如变形过大，在未到 60min 变形已达到 25mm 时，则以达到 25mm（d_2）时时间为 t_2，将其前 15min 为 t_1，此时的变形量为 d_1。

（2）沥青混合料试件的动稳定度按下式计算：

$$DS = \frac{(t_2 - t_1) \times 42}{d_2 - d_1} c_1 c_2 \tag{4-10}$$

式中：DS 为沥青混合料的动稳定度，次/mm；d_1 为对应于时间 t_1（一般为 45min）的变形量，mm；d_2 为对应于时间 t_2（一般为 60min）的变形量，mm；42 为试验轮每分钟行走次数，次/min；c_1 为试验机类型修正系数，曲柄连杆驱动试件的变速行走方式为 1.0，链驱动试验轮的等速方式为 1.5；c_2 为试件系数，对于实验室制备的宽 300mm 的试件，c_2 取 1.0；对于从路面切割的宽 150mm 的试件，c_2 取 0.8。

4. 报告

（1）同一沥青混合料或同一路段的路面，至少应进行 3 个试件的平行试验，当 3 个试件动稳定度变异系数小于 20% 时，取其平均值作为试验结果。如果变异系数大于 20% 时，应分析原因，并追加试验。如计算动稳定度值大于 6000 次/mm 时，记作＞6000 次/mm。重复性试验动稳定度变异系数的允许值为 20%。

（2）实验报告应注明试验温度、试验轮接地压强、试件密度、空隙率及试件制作方法等。

4.4　沥青混合料水稳定性试验

由水引起的沥青路面损坏通称为水损坏，它是一个普遍存在的问题，已引起世界各国的注意，道路工作者对此进行了广泛的研究，提出了许多理论方法。评价沥青路面水稳定性通常采用的方法分为两大类；第一类是沥青与矿料的黏附性试验，主要用于判断沥青与粗集料（不包含矿粉）的黏结能力，黏附性试验有水煮法和水浸法；第二类是沥青混合料的水稳性试验，主要检验沥青混合料在水的作用下力学性质发生变化的程度，这与沥青在路面中的使用状态较为接近。测试方法有浸水马歇尔试验、真空饱水马歇尔试验以及冻融劈裂试验。

4.4.1　沥青与矿料的黏附性试验方法

1. 目的与适用范围

（1）沥青与矿料黏附性试验是根据沥青黏附在粗集料表面的薄膜在一定温度下，受水的作用产生剥离的程度，以判断沥青与集料表面的黏附性能。

（2）本方法适用于测定沥青与矿料的黏附性及评定集料的抗水剥离能力。根据沥青混合料的最大集料粒径，对于大于 13.2mm 及小于（或等于）13.2mm 的粒径分别选用水煮法或水浸法进行试验，对同一种料源既有大于又有小于 13.2mm 不同粒径的集料时，取大于 13.2mm 水煮法试验为标准,对细粒式沥青混合料以水浸法试验为标准。

2. 仪具与材料

(1) 天平:称量 500g 感量不大于 0.01g。

(2) 恒温水槽:能保持温度(80±1)℃。

(3) 拌和用小型容器:5mL。

(4) 烧杯:100mL。

(5) 试验架。

(6) 细线:尼龙线或棉线、铜丝线。

(7) 铁丝网。

(8) 标准筛 9.5mm、13.2mm、19mm 各 1 个(也可用圆孔筛 10mm、15mm、25mm 代替)。

(9) 烘箱:装有自动温度调节器。

(10) 电炉、燃气炉。

(11) 玻璃板:200mm×300mm 左右。

(12) 搪瓷板:300mm×400mm 左右。

(13) 其他:拌和铲、石棉网、纱布、手套等。

3. 水煮法(适用于大于 13.2mm 粗集料的试验方法)

1) 准备工作

(1) 将集料用 13.2mm、19mm(或圆孔筛 15mm、25mm)过筛,取粒径 13.2~19mm(圆孔筛 15~25mm)、形状接近立方体的规则集料 5 个,用洁净水洗净,置温度为(105±5)℃的烘箱中烘干,然后放在干燥器中备用。

(2) 将大烧杯中盛水,并置加热炉的石棉网上煮沸。

2) 试验步骤

(1) 将集料逐个用细线在中部系牢,再置于(105±5)℃烘箱内 1h。准备沥青试样。

(2) 逐个取出加热的矿料颗粒用线提起,浸入预先加热的沥青(石油沥青(130~150)℃、煤沥青(100~110)℃)试验 45s 后,轻轻拿出,使集料颗粒完全为沥青膜所裹覆。

(3) 将裹覆沥青的集料颗粒悬挂于试验架上,下面垫一张废纸,使多余的沥青流掉,并在室温下冷却 15min。

(4) 待集料颗粒冷却后,逐个用线提起,浸入盛有煮沸水的大烧杯中央,调整加热炉,使烧杯中的水保持微沸状态,但不允许有沸开的泡沫。

(5) 浸煮 3min 后,将集料从水中取出,观察矿料颗粒上沥青膜的剥落程度,并按表 4-6 评定其黏附性等级。

(6) 同一试样应平行试验 5 个集料颗粒,并由两名以上经验丰富的试验人员分别评定后,取平均等级作为试验结果。

表 4-6　沥青与集料黏附性的等级评定

试验后集料表面上沥青膜剥落情况	黏附性等级
沥青膜保存完整,剥离面积百分率接近于 0	5
沥青膜小部分被水所移动,厚度不均匀,剥离面积百分率小于 10%	4
沥青膜局部明显地被水所移动,基本保留在集料表面上,剥离面积百分率小于 30%	3
沥青膜大部分被水所移动,局部保留在集料表面上,剥离面积百分率大于 30%	2
沥青膜完全被水所移动,集料基本裸露,沥青全浮于水面上	1

4. 水浸法(适用于小于 **13.2mm** 粗集料的试验方法)

1)准备工作

(1)将集料用 9.5mm、13.2mm(或圆孔筛 10mm、15mm)过筛,取粒径 9.5～13.2mm(圆孔筛 10～15mm)形状规则的集料 200g 用洁净水洗净,并置温度为(105±5)℃的烘箱中烘干,然后放在干燥器中备用。

(2)准备沥青试样加热至矿料的拌和温度。

(3)将煮沸过的热水注入恒温水浴中,维持(80±1)℃恒温。

2)试验步骤

(1)按四分法称取集料颗粒(9.5～13.2mm)100g 置搪瓷盘中,连同搪瓷盘一起放入已升温至沥青拌和温度以上 5℃的烘箱中持续加热 1h。

(2)按每 100g 矿料加入沥青(5.5±0.2)g 的比例称取沥青,准确至 0.1g。放入小型拌和容器中,一起置入同一烘箱中加热 15min。

(3)将搪瓷盘中的集料倒入拌和容器的沥青中后,从烘箱中取出拌和容器,立即用金属铲均匀拌和 1～1.5min,使集料完全被沥青膜裹覆。然后,立即将裹有沥青的集料取 20 个,用小铲移至玻璃板上摊开,并置室温下冷却 1h。

(4)将放有集料的玻璃板浸入温度为(80±2)℃的恒温水槽中,保持 30min,并将剥离及浮于水面的沥青用纸片捞出。

(5)由水中小心取出玻璃板,浸入水槽内的冷水中,仔细观察裹覆集料的沥青薄膜的剥落情况,由两名以上经验丰富的试验人员分别目测,评定剥离面积的百分率,评定后取平均值表示。

(6)由剥离面积百分率评定沥青与集料黏附性的等级。试验结果应报告采用的方法及集料粒径。

4.4.2 浸水马歇尔试验方法

浸水马歇尔试验方法的要求如下：

（1）浸水马歇尔试验方法是将沥青混合料试件在规定温度（黏稠沥青混合料为（60±1）℃）的恒温水槽中保温 48h，然后测其稳定度。其余方法与标准马歇尔试验方法相同。

（2）试件的浸水马歇尔稳定度和标准马歇尔稳定度的比为残留稳定度，以百分比表示。即

$$MS_0 = \frac{MS_1}{MS} \times 100\%$$ (4-11)

式中：MS_0 为试件的浸水残留稳定度，%；MS_1 为试件浸水 48h 后的稳定度，kN。

4.4.3 真空饱水马歇尔试验方法

试件先放入真空干燥器中，关闭进水胶管，开动真空泵，使干燥器的真空度达到 98.3kPa（730mmHg）以上，维持 15min，然后打开进水胶管，靠负压进入冷水流使试件全部浸入水中，浸水 15min 后恢复常压，取出试件再放入已达规定温度（黏稠沥青混合料为（60±1）℃）的恒温水槽中保温 48h，进行马歇尔试验（与标准马歇尔试验方法相同）。测真空饱水马歇尔稳定度与标准马歇尔稳定度的比值为真空饱水残留稳定度，以百分数表示。即

$$MS'_0 = \frac{MS_2}{MS} \times 100\%$$ (4-12)

式中：MS'_0 为试件的浸水残留稳定度，%；MS_2 为试件真空饱水后浸水 48h 后的稳定度，kN。

4.4.4 冻融劈裂试验方法

1. 目的与适用范围

本方法适用于在规定条件下对沥青混合料进行冻融循环，测定混合料试件在受到水损害前后劈裂破坏的强度比，以评价沥青混合料的水稳性。未经注明，试验温度为 25℃，加载速率为 50mm/min。

本方法采用马歇尔击实法成型的圆柱体试件，击实次数为双面各 50 次，集料公称最大粒径不得大于 26.5mm。

2. 仪具与材料

（1）试验机。能保持规定加载速率的材料试验机，也可采用马歇尔试验仪。试验机负荷应满足最大测定荷载不超过其量程的 80% 且不小于其量程的 20% 的要求，宜采用 40kN 或 60kN 传感器，读数精度为 10N。

（2）恒温冰箱。能保持温度为 −18℃，当缺乏专用的恒温冰箱时，可采用家用电冰箱的冷冻室代替，控温准确度为 2℃。

（3）恒温水槽。用于试件保温，温度范围能满足试验要求，控温准确度为 0.5℃。

（4）压条。上下各一根，试件直径为 100mm 时，压条宽度为 12.7mm，内侧曲率半径为 50.8mm，压条两端均应磨圆。

（5）劈裂试验夹具。下压条固定在夹具上，压条可上下自由活动。

（6）其他。如塑料袋、卡尺、天平、记录纸、胶皮手套等。

3. 方法与步骤

（1）同马歇尔制件方法相同，试件形状同马歇尔试件。试件数量不少于 8 个。

（2）按 JTG E20—2011 规定的方法测定试件的密度、空隙率等各项物理指标。

（3）将试件随机分成两组，每组不少于 4 个，将第一组试件置于平台上，在室温下保存备用。将第二组试件按 JTG E20—2011 要求的标准饱水试验方法真空饱水，在 98.3～98.7kPa 的真空度下保持 15min，然后打开阀门，恢复常压，试件在水中放置 30min。

（4）取出试件放入塑料袋中，加入约 10mL 的水，扎紧袋口，将试件放入恒温冰箱（或家用冰箱的冷冻室），冷冻温度为（−18±2）℃，保持（16±1）h。

（5）将试件取出后，立即放入已保温为（60±0.5）℃的恒温水槽中，撤去塑料袋，保温 24h。

（6）将第一组与第二组全部试件浸入温度为（25±0.5）℃的恒温水槽中不少于 2h，水温高时可适当加入冷水或冰块调节，保温时试件之间的距离不小于 10mm。

（7）取出试件立即进行劈裂试验，得到试验的最大荷载（具体试验方法见 4.5 节内容）。

4. 结果计算

（1）劈裂抗拉强度按下列两式计算：

$$R_{T1} = 0.006287 \times \frac{P_{T1}}{h_1} \tag{4-13}$$

$$R_{T2} = 0.006287 \times \frac{P_{T2}}{h_2} \tag{4-14}$$

式中：R_{T1} 为未进行冻融循环的第一组试件的劈裂抗拉强度，MPa；R_{T2} 为经受冻融循环的第二组试件的劈裂抗拉强度，MPa；P_{T1} 为第一组试件的试验荷载的最大值，N；P_{T2}

为第二组试件的试验荷载的最大值,N;h_1 为第一组试件的试件高度,mm;h_2 为第二组试件的试件高度,mm。

(2)冻融劈裂抗拉强度比按下式计算:

$$TSR = \frac{R_{T2}}{R_{T1}} \tag{4-15}$$

式中:TSR 为冻融劈裂试验强度比,%;R_{T2} 为冻融循环后第二组试件的劈裂抗拉强度,MPa;R_{T1} 为未冻融循环的第一组试件的劈裂抗拉强度,MPa。

5. 报告

(1)每个试验温度下,一组试验的有效试件不得少于 3 个,取其平均值作为试验结果。当一组测定值中某个数据与平均值之差大于标准差的 k 倍时,该测定值应予舍弃,并以其余值的平均值作为试验结果。当试件数目 n 为 3,4,5,6 时,k 值分别为 1.15,1.46,1.67,1.82。

(2)试验结果均应注明试件尺寸、成型方法、试验温度、加载速率。

4.5 沥青混合料的劈裂强度试验

1. 目的与适用范围

本方法适用于测定沥青混合料在规定温度和加载速率时劈裂破坏或处于弹性阶段时的力学性质,亦可供沥青路面结构设计选择沥青混合料力学设计参数及评价沥青混合料低温抗裂性能时使用。试验温度与加载速率可由当地气候条件根据试验目的或有关规定选用,但试验温度不得高于 30℃。如无特殊规定,宜采用试验温度(15±0.5)℃,加载速率为 50mm/min。当用于评价沥青混合料低温抗裂性能时,宜采用试验温度(−10±0.5)℃及加载速率 1mm/min。

本方法测定时采用的沥青混合料泊松比 μ 值见表 4-7,其他试验温度的 μ 值由内插法确定。本方法也可由试验实测的垂直变形及水平变形计算实际的 μ 值,但计算的 μ 值必须在 0.2~0.5 范围内。

表 4-7 劈裂试验使用的泊松比 μ

试验温度/℃	≤10	15	20	25	30
泊松比 μ	0.25	0.30	0.35	0.40	0.45

本方法采用的圆柱体试件应符合下列要求:

(1)当集料公称最大粒径小于或等于 26.5mm 时,用马歇尔标准击实法成型的直径为(101.6±0.25)mm、高为(63.5±1.3)mm 的试件。

（2）从轮碾机成型的板块试件或从道路现场钻取直径(100±2)mm 或(150±2.5)mm，高为(40±5)mm 的圆柱体试件。

2. 仪具与材料

1）试验机

能保持规定的加载速率及试验温度的材料试验机，当采用 50mm/min 的加载速率时，也可采用具有相应传感器的自动马歇尔试验仪代替，但均必须配置有荷载及试件变形的测定记录装置。荷载由传感器测定，应满足最大测定荷载不超过其量程的 80% 且不小于其量程的 20% 的要求，宜采用 40kN 或 60kN 传感器，分辨率为 10N。

2）位移传感器

可采用 LVDT 或电测百分表。水平变形宜用非接触式位移传感器测定，其量程应大于预计最大变形的 1.2 倍，通常不小于 5mm。测定垂直变形精密度不低于 0.01mm，测定水平变形的精密度不低于 0.005mm。

3）数据采集系统或 X-Y 记录仪

能自动采集传感器及位移计的电测信号，在数据采集系统中存储或在 X-Y 记录仪上绘制荷载与跨中挠度曲线。

4）恒温水槽

用于试件保温，温度范围能满足试验要求，控温精度 ±0.5℃。当试验温度低于 0℃时，恒温水槽可采用 1：1 的甲醇水溶液或防冻液作冷媒介质。恒温水槽中的液体应能循环回流。

5）压条

如图 4-7 所示，上下各 1 根。试件直径为(100±2)mm 或(101.6±0.25)mm 时，压条宽度为 12.7mm，内侧曲率半径 50.8mm；试件直径为(150±2.5)mm 时，压条宽度为 19mm，内侧曲率半径 75mm。压条两端均应磨圆。

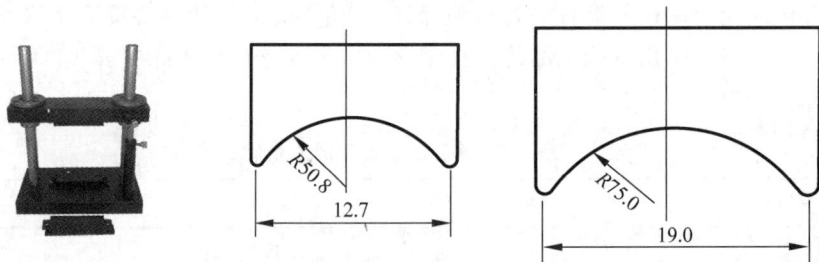

图 4-7　压条及尺寸

6）劈裂试验夹具

下压条固定在夹具上，上压条可上下自由活动。

7）其他

卡尺、天平、记录纸、胶皮手套等。

3. 方法与步骤

1）准备工作

（1）按马歇尔击实法制作圆柱体试件。

（2）在试件两侧通过圆心画上对称的十字标记，用游标卡尺测定试件的直径及高度，准确至 0.1mm。

（3）测定试件的密度、空隙率等各项物理指标。

（4）使恒温水槽达到要求的试验温度±0.5℃。将试件浸入恒温水槽保温不少于 1.5h。当为恒温空气箱时保温不少于 6h，直至试件内部温度达到试验温度±0.5℃为止。保温时试件之间的距离不少于 10mm。

（5）使试验机环境保温箱达到要求的试验温度，当加载速率大于或等于 50mm/min 时，也可不用环境保温箱。

2）试验步骤

（1）从恒温水槽中取出试件，迅速置于试验台的夹具中安放稳定，其上下均安放有圆弧形压条，与侧面的十字画线对准，上下压条应居中、平行。

（2）迅速安装试件变形测定装置。水平变形测定装置应对准水平轴线并位于中央位置；垂直变形的支座与下支座固定，上端置于上支座上。

（3）将记录仪与荷载及位移传感器连接，选择好适宜的量程开关及记录速度。当以压力机压头的位移作为垂直变形时，宜采用 50mm/min 速率加载。记录仪走纸速度根据试验温度确定。

（4）开动试验机，使压头与上下压条接触，荷载不超过 30N，迅速调整好数据采集系统或 X-Y 记录仪到零点位置。

（5）开动数据采集系统或记录仪，同时启动试验机，以规定的加载速率向试件加载劈裂至破坏，记录仪记录荷载及水平变形（或垂直位移）。当试验机无环境保温箱时，自恒温水槽中取出试件至试验结束的试件应不超过 45s。记录的荷载-变形曲线如图 4-8 所示。

4. 结果计算

（1）将图 4-8 中的荷载-变形曲线的直线段按图示方法延长与横坐标相交作为曲线的原点，由图中量取峰值时的最大荷载 P_T 及最大变形（Y_T 或 X_T）。

当试件直径为（100±2.0）mm、压条宽度为 12.7mm 及试件直径为（150.0±2.5）mm、压条宽度为 19.0mm 时，劈裂抗拉强度 R_T 分别按式（4-16）及式（4-17）计算，泊松比 μ、破坏

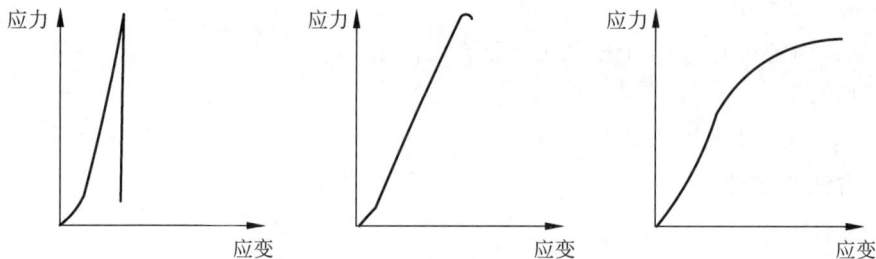

图 4-8　劈裂试验的荷载变形曲线

拉伸应变 ε_T 及破坏劲度模量 S_T 按式(4-18)～式(4-20)计算。

$$R_T = \frac{0.006287 P_T}{h} \tag{4-16}$$

$$R_T = \frac{0.00425 P_T}{h} \tag{4-17}$$

$$\mu = \frac{0.1350 A - 1.7940}{-0.5A - 0.0314} \tag{4-18}$$

$$\varepsilon_T = \frac{X_T \times (0.0307 + 0.0936\mu)}{1.35 + 5\mu} \tag{4-19}$$

$$S_T = \frac{P_T \times (0.27 + 1.0\mu)}{h \times X_T} \tag{4-20}$$

式中：R_T 为劈裂抗拉强度，MPa；ε_T 为破坏拉伸应变；S_T 为破坏劲度模量，MPa；μ 为泊松比；P_T 为试验荷载的最大值，N；h 为试件高度，mm；A 为试件垂直变形与水平变形的比值；$A = Y_T/X_T$；Y_T 为试件相应于最大破坏荷载时的垂直方向总变形，mm；X_T 为按图 4-8 的方法量取的相应于最大破坏荷载时水平方向的总变形，mm；当试验仅测定垂直方向变形 Y_T 或由实测的 Y_T、X_T 计算的 μ 值大于 0.5 或小于 0.2 时，水平变形 (X_T) 由表 4-7 规定的泊松比 (μ) 按下式求算：

$$X_T = \frac{Y_T \times (0.135 + 0.5\mu)}{1.794 - 0.0314\mu} \tag{4-21}$$

（2）计算加载过程中任一加载时刻的应力、应变、劲度模量的方法同上，只需读取该时刻的荷载及变形代替上式的最大荷载及破坏变形即可。

（3）当记录的荷载-变形曲线在小变形区有一定的直线段时，可以 $(0.1\sim0.4)P_T$ 范围内的直线段部分的斜率计算弹性阶段的劲度模量，或以此范围内各测点的应力 σ、应变 ε 的数据计算的 $S = \sigma/\varepsilon$ 的平均值作为劲度模量，并以此作为路面设计用的力学参数。σ、ε 及 S 的计算方法同本节中 R_T、ε_T、S_T 的计算方法。

5. 试验报告

试验报告有关要求如下：

（1）当一组测定值中某个数据与平均值之差大于标准差的 k 倍时，该测定值应予以舍弃，并以其余测定值的平均值作为试验结果。当试验数目 n 为 3、4、5、6 时，k 值分别为 1.15、1.46、1.67、1.82。

（2）试验结果均应注明试件尺寸、成型方法、试验温度、加载速率及采用的泊松比 μ 值。

复习思考题

1. 沥青混合料中沥青含量试验方法有哪些？什么是油石比？什么是沥青含量？

2. 当马歇尔试件高度不合格时，如何进行调整？

3. 当一组马歇尔试验所测得的稳定度分别是 8.4kN、7.8kN、9.5kN、10.0kN 时，最终的稳定度是多少？

4. 沥青混合料中马歇尔稳定度、动稳定度、残留稳定度的含义是什么？各指标分别反映沥青混合料哪些性质？在测试方法中各有何不同？

5. 进行车辙试验时应注意的主要问题是什么？

6. 沥青混合料水损害试验有哪些方法？

第 5 章

路面平整度测量

5.1　概述

　　路面平整度是路面表面相对于理想平面的竖向偏差。以几何平面为基准,以规定的标准量规,间断地或连续地测定路面的表面纵、横方向的凹凸量。路面平整度是评定路面使用质量、施工质量及现有路面破坏程度的重要指标之一,直接关系到行车安全性、舒适性以及营运经济性,并影响着路面使用年限。因此,路面平整度的检测与评定是道路施工与养护的一个非常重要的环节。

　　路面平整度的检测设备分为断面类和反应类两大类。断面类检测设备是测定路面表面凹凸情况的一种仪器,如最常用的 3m 直尺及连续式平整度仪。国际平整度指数便是以此为基础建立的,这是平整度最基本的指标。我国采用 3m 直尺测量的最大间隙和平整度仪测定结果的标准差作为路基、路面平整度的指标。反应类检测仪器是测定由于路面凹凸不平引起车辆颠簸的情况,这是驾驶员和乘客直接感受到的平整度指标,因此它实际上是舒适性能指标。最常用的是车载式颠簸累积仪。现已有更新的自动测试设备,如纵断面分析仪、路面平整度数据采集系统测定车等。本章仅介绍几种常见的平整度测定方法。

　　平整度测定的用途主要有 4 个方面:①确定路面是否具有适应汽车行驶的平整性;②作为一个相关因素用以判别路面结构的一层或几层的破坏;③检查和控制路面施工质量,用于竣工验收;④根据测定的路面平整度确定养护计划。

　　表征路面平整度的方法有:①单位长度上的最大间隙;②单位长度的间隙累积值;③单位长度内的间隙超过某定值的个数;④路面平整度的斜率;⑤路面的纵断面;⑥振

动和加速度(将行车舒适感作为评价指标)。

水泥混凝土路面和沥青混凝土路面平整度检测方法的比较见表 5-1。

表 5-1　平整度检测方法比较

方　　法	特　　点	技术指标
3m 直尺法	设备简单,结果直观,间断测试,工作效率低,反映凹凸程度	最大间隙 h(mm)
连续式平整度仪法	设备较复杂,连续测试,工作效率高,反映凹凸程度	标准差 δ(mm)
颠簸累积仪	设备复杂,工作效率高,连续测试,反映舒适度	单向累积值 VBI(cm/km)

5.2　3m 直尺测定平整度

3m 直尺测定法有单尺测定最大间隙和等距离(1.5m)连续测定两种,前者常用于施工时质量控制和检查验收,单尺测定时要计算出测定段的合格率。后者也可用于施工质量检查验收,但要计算出标准差,用标准差来表示平整度程度。

用 3m 直尺测定尺底面距离路表面的最大间隙来表示路面的平整度,以 mm 计。本方法适用于测定压实成型的路面各层表面的平整度,以此评定路面的施工质量及使用质量;也可以用于路基表面成型后的施工平整度检测。

1. 仪具与材料

(1) 3m 直尺:硬木或铝合金钢制,基准面平直,长 3m,如图 5-1 所示。

(2) 最大间隙测量器具。

① 楔形塞尺:木或金属制的三角形塞尺,有手柄。塞尺的长度与高度之比不小于 10,宽度不大于 15mm,边部有高度标记,刻度精度不小于 0.2mm,如图 5-2 所示。

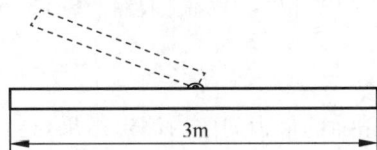

图 5-1　3m 直尺

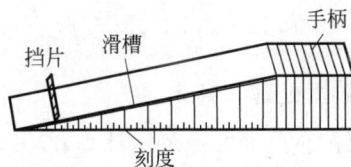

图 5-2　塞尺示意图

② 深度尺:金属制的深度测量尺,有手柄。深度尺测量杆端头直径不小于 10mm,刻度精度不小于 0.2mm。

（3）其他：皮尺或钢尺、粉笔等。

2．方法和步骤

1）准备工作

（1）选择测试路段。

（2）在测试路段路面上选择测试地点。当为沥青路面施工过程中的质量检测时，测试地点应选在接缝处，以单杆测定评定。除高速公路外，用于其他等级公路路基路面工程质量检查验收或进行路况评定时，每200m测2处，每处连续测量10尺。除特殊需求外，应以行车道一侧车轮轮迹（距离车道标线80～100cm）作为连续测定的标准位置，如图5-3所示。对旧路已经形成车辙的路面，应取车辙中间位置为测定位置，用粉笔在路面上做好标记。

（3）清扫路面测定位置处的污物。

2）测试步骤

（1）在施工过程中检测时，根据需要确定的方向，将3m直尺摆在测试地点的路面上。

（2）目测3m直尺底面与路面之间的间隙情况，确定间隙为最大的位置。

（3）用有高度标线的塞尺塞进间隙处，测量其最大间隙的高度（mm）；或者用深度尺在最大间隙位置测量直尺上顶面距地面的深度，该深度减去尺高即为测试点的最大间隙的高度，准确到0.2mm，见图5-4。

（4）施工结束后检测时，每一处连续检测10尺，按上述（1）～（3）步骤测量10个最大间隙值。

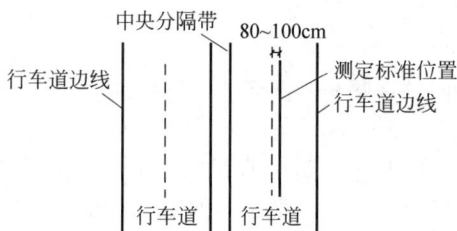

图 5-3　测定位置示意图　　　　　图 5-4　3m直尺测平整度示意图

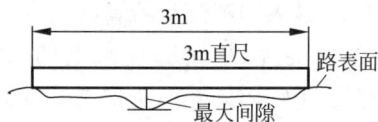

3．数据处理与评定

单尺测量路面的平整度计算，以3m直尺与路面的最大间隙为测定结果，连续测定10次时，判断每个测定值是否合格，根据要求计算合格百分率，并计算10个最大间隙值的平均值。

$$合格率（\%）＝合格尺数／总测尺数×100 \tag{5-1}$$

单尺测量的结果应随时记录测试位置和测试结果。连续测定10尺时，应计算平均值、不合格尺数、合格率。记录格式见表 5-2 与表 5-3。

表 5-2 平整度检测记录表

工程名称： 施工单位： 结构层类型： 检测日期：

桩号	读数/mm										最大值
K154＋200	1	2	1	2	1	2	2	3	1	2	3
K154＋300	1	2	1	2	3	1	2	1	3	2	3

本段检测点数 20 个，合格点数 20 个，合格率 100%。

表 5-3 平整度检测汇总表（3m 直尺法）

工程名称： 结构名称： 规定值：5mm 路段桩号：K0＋400～K0＋600
检验人： 计算人： 校核者： 检验日期：

测定区间桩号	测尺序号	最大间隙	合格尺数	合格率/%	平均值/mm
K0＋400～K0＋500	1	4.5	9	90	4.79
	2	5			
	3	6			
	4	4.7			
	5	4.8			
	6	4.3			
	7	4.1			
	8	4.8			
	9	4.7			
	10	5			
K0＋500～K0＋600	1	4.9	8	80	4.69
	2	4.1			
	3	4.5			
	4	4.6			
	5	4.7			
	6	5.2			
	7	5.3			
	8	4.8			
	9	4.2			
	10	4.6			

5.3　连续式平整度仪测定平整度

连续式平整度仪是近年来我国测定路面平整度的新型仪器,它通过测量路面不平整度的标准差 δ 来表示路面的平整度,以 mm 计,其优点是可沿路面连续测量。它一般采用先进的微机处理技术,可自动计算,自动打印,自动显示路面平整度的标准差、正负超差等各项技术指标,并绘出路面平整度偏差曲线。

连续式平整度仪法适用于测定路表面的平整度,评定路面的施工质量和使用质量,但不适合用于已有很多坑槽、破损严重的路面。

1. 仪具与材料

连续式平整度仪构造如图 5-5 所示。除特殊情况外,其标准长度为 3m,其质量应符合仪器标准的要求。中间为一个 3m 长的机架,机架可缩短或折叠,前后各有 4 个行走轮,前后两组轮的轴间距离为 3m。标准差测量传感器安装在机架中间,可以是能起落的测定轮,也可以是非接触位移传感器,如激光或超声位移测量传感器。机架上有蓄电池电源和可拆卸的检测箱,检测箱可以采用显示、记录、打印或绘图等方式输出测试结果。测定轮上装有位移传感器、距离传感器等检测器,自动采集位移数据时,测定间距为 10cm,每一计算区间的长度为 100m,输出一次结果。连续式平整度仪可记录测试长度,曲线振幅大于某一定值(如 3mm、5mm、8mm、10mm)的次数、曲线振幅的单向(凸起或凹下)累积值及以3m 机架为基准的中点路面偏差曲线图,并计算打印。机架头装有一牵引钩及手拉柄,可用人力或汽车牵引。

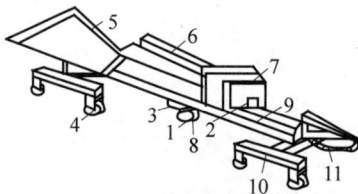

图 5-5　连续式平整度仪构造示意

1—脚轮;2—拉簧;3—离合器;4—测量架;5—牵引架;6—前架;7—记录器;

8—测定轮;9—纵梁;10—纵架;11—软轴

（1）牵引车:小面包车或其他小型牵引车。

（2）皮尺或测绳。

2. 方法与步骤

1）准备工作

（1）选择测试路段。

（2）当施工过程中质量检测需要时，测试地点根据需要而定；当路面工程质量检查验收或进行路况评定需要时，通常以行车道一侧车轮轮迹作为连续测定的标准位置。对旧路已经形成车辙的路面，取一侧车辙中间位置为测定位置。当以内侧轮迹（或外侧轮迹带）作为测定位置时，测定位置距车道标线 80～100cm。

（3）清扫路面测定位置处的污物。

（4）检查仪器检测箱各部分是否完好、灵敏，并将各连接线接妥，安装记录设备。

2）测试步骤

（1）将连续式平整度测定仪置于测试路段路面起点上。

（2）在牵引汽车的后部，将平整度仪的挂钩挂上后，放下测定轮，启动检测器及记录仪，随机起动汽车，沿着道路纵向行驶，横向位置保持稳定，并检查平整度检测仪表上测定数字显示、打印、记录的情况。如遇检测设备中某项仪表发生故障，即需停止检测。牵引平整度仪的速度应保持匀速，速度以 5km/h 为宜，最大不宜超过 12km/h。

在测试路段较短时，亦可用人力拖拉平整度检测仪测定路面的平整度，但拖拉时应保持匀速前进。

3. 检测数据的处理与评定

（1）连续式平整度仪测定后，按每 10cm 间距采集的位移值自动计算每 100m 计算区间的平整度标准差（mm）。

（2）每一计算区间的路面平整度以该区间测定结果的标准差表示：

$$\delta_i = \sqrt{\frac{\sum d_i^2 - (\sum d_i)^2/N}{N-1}} \tag{5-2}$$

式中：δ_i 为各计算区间的平整度计算值，mm；d_i 为以 100m 为一个计算区间，每隔一定距离（自动采集间距为 10cm，人工采集间距为 1.5m）采集的路面凹凸偏差位移值，mm；N 为计算区间用于计算标准差的测试数据个数。

（3）计算一个评定路段内各区间平整度标准差的平均值、标准差、变异系数及合格率。记录格式如表 5-4 所示。

表 5-4　平整度检测记录（连续平整度仪法）

工程名称：　　　结构名称：　　　规定值：[δ]＝1.2mm　路段桩号：K18＋100～K19＋200

检验者：　　　计算者：　　　校核者：　　　检测日期：

测定区间桩号	序号	标准差/mm	平均值/mm	标准差/mm	变异系数/%	合格区间数	合格率/%
K18＋100	01	0.48					
K18＋200	02	0.46					
K18＋300	03	0.51					
K18＋400	04	0.50					
K18＋500	05	0.65					
K18＋600	06	1.67(桥头伸缩缝)	0.55	0.083	15	9	100
K18＋700	07	1.00(桥头伸缩缝)					
K18＋800	08	0.71					
K18＋800	09	0.50					
K19＋000	10	0.54					
K19＋100	11	0.57					
K19＋200	12	0.91(路面污染)					

5.4　车载式颠簸累积仪测定平整度

用车载式颠簸累积仪测定车辆在路面上通行时后轴与车厢之间的单向位移累积值 VBI，以此表示路面的平整度，以 cm/km 计。本方法适用于路面表面的平整度，评定路面的施工质量和使用期的舒适性，但不适用于在已有较多坑槽、破损严重的路面上测定。

车载式颠簸累积仪的工作原理是测试车以一定速度（以 30km/h 为宜，一般不超过 40km/h）在路面上行驶，由于地面凹凸不平，引起汽车的激振，通过机械传感器测定后轴同车厢之间的单向位移累积值。值越大，说明路面平整度越差，舒适性也越差。

1. 仪具与材料

1）测试系统

测试系统由承载车辆、距离测定装置、颠簸累积值测定装置和主控制系统组成，如图 5-6 所示。主控制系统对测试装置的操作实施控制，完成数据采集、传输、存储和计算过程。

2）测试系统基本技术要求和参数

（1）测试速度：30～80km/h。

图 5-6　车载试验颠簸累积仪安装示意图

1—测试车；2—数据处理器；3—电瓶；4—后桥；5—挂钩；6—底板；7—钢丝绳；8—颠簸累积仪传感器

（2）最大测试幅值：±20cm。

（3）垂直位移分辨率：1mm。

（4）距离标定误差：<0.5%。

（5）系统工作环境温度：0～60℃。

（6）系统软件能够依据相关关系公式自动对颠簸累积值进行换算，间接输出国际平整度指数 IRI。

2. 准备工作

（1）测试车辆具备下列条件之一时，都应进行仪器测值与国际平整度指数 IRI 的相关性标定，相关系数应不低于 0.99：在正常状态下行驶超过 20000km；标定的时间间隔超过 1 年；减振器、轮胎等发生更换、维修。

（2）检查测试车轮胎气压，应达到车辆轮胎规定的标准气压；车胎应清洁；车上载重、人数以及分布应与仪器相关性标定检测时一致。

（3）距离测量系统现场安装的，根据设备操作手册说明进行安装，确保紧固装置安装牢固。

（4）检查测试系统，各部分应符合测试要求，不应有明显的可视性破损。

（5）打开系统电源，启动控制程序，检查系统各部分的工作状态。

3. 方法与步骤

（1）测试开始之前应让测试车以测试速度行驶 5～10km，按照设备操作手册规定的预热时间对测试系统进行预热。

（2）测试车停在测试起点前 300～500m 处，启动平整度测试系统程序，按照设备操作手册的规定和测试路段的现场技术要求设置完毕所需的测试状态。

（3）驾驶人员在进入测试路段前应保持车速在规定的测试速度范围内，沿着正常行车轨迹驶入测试路段。

（4）进入测试路段后，测试人员启动系统的采集和记录程序，在测试过程中必须及时准确地将测试路段的起终点和其他需要特殊标记点的位置输入测试数据记录中。

（5）当测试车辆驶出测试路段后，仪器操作人员停止数据采集和记录，并恢复仪器各部分至初始状态。

（6）操作人员检查数据文件,文件应完整,内容应正确,否则需要重新测试。

（7）关闭测试系统电源,结束测试。

4. 计算

颠簸累积仪直接测试输出的颠簸累积值 VBI,要按照相关性标定试验得到相关关系式,并以 100m 为计算区间换算成 IRI(以 m/km 计)。

5. 颠簸累积仪测定值与国际平整度指数的相关关系标定试验

1) 基本要求

由于颠簸累积仪测值受测试速度等因素影响,因此测试系统的每一种实际采用的测试速度都应单独进行标定,建立相关关系,标定过程及分析结果应详细记录并存档。

标定试验中,选择的标定路段应符合下列条件:

（1）按照每段 IRI 指数变化幅度不小于 1.0 的范围,选择不少于 4 段不同平整度水平的路段,且有足够加速或减速长度。根据实际测试道路 IRI 的分布情况,可以增加某些范围内的标定路段。

（2）每路段长度不小于 300m。

（3）每一段内的平整度应均匀,包括路段前 50m 的引道。

（4）应选纵坡变化较小的平坦、直线路段。

（5）选择交通量小或可以疏导的路段,减少标定时对路段交通的干扰。

（6）标定宜选择在车道的正常行驶轨迹上进行,明确标出标定路段的轮迹和起终点。

2) 方法与步骤

（1）距离标定

① 选择坡度变化较小的平坦直线路段,标出起终点和行驶轨迹。

② 标定开始之前应让测试车以测试速度行驶 5～10km,按照设备操作手册规定预热时间对测试系统进行预热。

③ 将测试车的前轮对准起点线,启动距离校准程序,然后令车辆沿着路段轨迹直线行驶,避免突然加速或减速,接近终点时,看指挥人员手势减速停车,确保测试车的前轮对准终点线,结束距离校准程序。重复此过程,确保距离传感器脉冲当量的准确性,应在允许误差范围内。

（2）用颠簸累积仪按选定的测试速度测试每个标定路段的反应值,重复测试至少 5 次,取其平均值作为该路段的反应值。

（3）IRI 值的确定

以精密水准仪作为标准仪器,分别测量标定路段两个轮迹的纵断高程,要求采样间隔为 250mm,高程测量精度为 0.5mm;然后用 IRI 标准计算程序对每个轮迹的纵断面测量值进行模型计算,得到该轮迹带的 IRI 值。两个轮迹 IRI 值的平均值即为该路段的

IRI 值。

3）试验数据处理

用数理统计的方法将各标定路段的 IRI 值和相应的颠簸累积仪测定值进行回归分析，建立相关关系方程式，相关系数 R 不得小于 0.99。

$$\text{IRI} = a + b \times \text{VBI}_v \tag{5-3}$$

式中：IRI 为国际平整度指数，m/km；VBI_v 为测试速度为 V（km/h）时，颠簸累积仪测得的颠簸累积值，cm/km；a，b 为回归系数。

6．检测报告

（1）应列表报告每一个评定路段内测定区间的颠簸累积值 VBR、国际平整度指数 IRI 平均值和现场测试速度。

（2）整理颠簸累积值 VBI 与国际平整度指数 IRI 值在选定测试条件下的相关关系式和相关系数。

5.5　车载式路面激光平整度仪测定平整度

车载式路面激光平整度仪（以下简称激光平整度仪）是一种与路面无接触的测量仪器，测试速度快，精度高。它适用于在无严重坑槽、车辙等病害以及无积水、积雪、泥浆的正常通车条件下连续采集路段平整度数据，评定验收新建、改建路面工程质量。

激光路面平整度仪采集的数据是路面相对高程值，应以 100m 为计算区间长度用 IRI 的标准计算程序计算国际平整度指数（IRI）值，以 m/km 计。

1．仪具与材料

1）测试系统

测试系统由承载车辆、距离传感器、纵断面高程传感器和主控制系统组成。主控制系统对测试装置的操作实施控制，完成数据采集、传输、存储和计算过程。

2）测试系统基本技术要求和参数

（1）测试速度：30～100km/h。

（2）采样间隔：≤500mm。

（3）传感器测试精度：0.5mm。

（4）距离标定误差：<0.1%。

（5）系统工作环境温度：0～60℃。

2．准备工作

（1）设备安装到承载车上后按规定进行相关性试验。

（2）根据设备操作手册的要求对测试系统各传感器进行校准。

（3）检查承载车轮胎气压，应达到车辆轮胎规定的标准气压，车胎应清洁。

（4）距离测量装置需要现场安装的，根据设备操作手册说明进行安装，确保机械紧固装置安装牢固。

（5）检查激光平整度仪器各部分应符合测试要求，不应有明显的可视性破损。

（6）打开系统电源，启动控制程序，检查各部分的工作状态。

3. 方法与步骤

（1）测试开始之前应让测试车以测定速度行驶 5～10km，按照设备操作手册规定的预热时间对测试系统进行预热。

（2）测试车停在距离测试起点前 50～100m 处，启动平整度测试系统程序，按照设备操作手册的规定和测试路段的现场技术要求设置完毕所需的测试状态。

（3）驾驶人员按照规定的速度驾驶测试车，测试车速度宜在 50～80km/h，避免急加速或急减速，急转弯路段应放慢车速，沿着正常行车轨迹驶入测试路段。

（4）进入测试路段后，测试人员启动系统的采集和记录程序，在测试过程中必须及时准确地将测试路段的起终点和其他需要特殊标记的位置输入测试数据记录中。

（5）当承载车辆驶出测试路段后，仪器操作人员停止数据采集和记录，并恢复仪器各部分至初始状态。

（6）操作人员检查数据文件，文件应完整，内容应正确，否则需要重新测试。

（7）关闭测试系统电源，结束测试。

4. 计算

激光平整度仪采集的数据是路面相对高程值，应以 100m 为计算区间长度用 IRI 的标准计算程序计算国际平整度指数（IRI）值，以 m/km 计。

5. 激光平整度仪测值与国际平整度指数 IRI 的相关关系试验

1）试验条件

（1）按照每段 IRI 指数变化幅度不小于 1.0 的范围，选择不少于 4 段不同平整度水平的路段，且有足够加速或减速长度。根据实际测试道路 IRI 的分布情况，增加某些范围内的标定路段。

（2）每段路长度不小于 300m。

（3）每一段内的平整度应均匀，包括起点前 50m 的引道。

（4）应选纵坡变化较小的平坦、直线路段。

（5）有多个激光探头的系统需要分别标定。

（6）宜选择在车道的正常行驶轨迹上进行，明确标出标定路段的轮迹和起终点。

2）试验步骤

（1）距离标定

① 选择坡度变化较小的平坦直线路段,标出起点和终点,行驶轨迹。

② 标定开始之前应该让测试车以测试速度行驶$(5\sim10)$km,按照设备操作手册规定预热时间对测试系统进行预热。

③ 将测试车的前轮对准起点线,启动距离校准程序,然后令承载车沿着路段轨迹直线行驶,避免突然加速或减速,接近终点时,看指挥人员手势减速停车,确保承载车的前轮对准终点线,结束距离校准程序,输出距离测值。重复此过程,确保距离传感器脉冲当量的准确性,应在允许误差范围内。

（2）用激光平整度仪所标定的纵断面高程传感器对准测线重复测试至少5次,取其平均值作为该路段的反应值。

（3）IRI值的确定：以精密水准仪作为标准仪器,分别测量标定路段两个轮迹的纵断高程,要求采样间隔为250mm,高程测量精度为0.5mm；然后用IRI标准计算程序对每个轮迹的纵断面测量值进行模型计算得到标定路段的IRI值。

3）试验数据处理

用数理统计的方法将各标定路段的IRI值和相应的平整度仪测值进行回归分析,建立相关关系方程式,相关系数R不得小于0.99。

6. 检测报告

（1）国际平整度指数IRI平均值。

（2）激光平整度仪测值与国际平整度指数IRI在选定测试条件下的相关关系式及相关系数。

复习思考题

1. 常见测量路面平整度的方法有哪几种？各自有何特点？

2. 颠簸累积仪、连续平整度仪检测结果分别是什么？是否可以互换？

3. 简述3m直尺测定平整度的主要步骤。

4. 简述连续式平整度仪测定平整度的主要步骤。

5. 简述车载式颠簸累积仪测定平整度的主要步骤。

第 6 章

路面构造深度测量

6.1 概述

路面构造深度是指一定面积的路表面凹凸不平的开口空隙的平均深度,即宏观构造深度,用 TD 表示,单位为 mm。路面宏观构造大,高速行车下的路表水能迅速排除,保证轮胎与路面直接接触,路面的抗滑性就好;反之,路面宏观构造小,表面易形成水膜,路面的抗滑性就差。路面的宏观构造是影响高速行车下路面抗滑能力的一个因素,影响幅度为 20%~30%。

路面构造深度测定方法主要有手工铺砂法、电动铺砂法、车载激光构造深度仪法和图像法。各方法原理和特点如表 6-1 所示。

表 6-1 路面构造深度测定方法比较

测定方法	原　理	特　点
手工铺砂法/电动铺砂法	将已知体积的砂摊铺在所要测试路表面的测点上,量取摊平覆盖的面积。砂的体积与所覆盖平均面积的比值,即为构造深度	定点测量,原理简单,便于携带,结果直观。适用于测定沥青路面及水泥混凝土路面的表面构造深度,用以评定路面表面的宏观粗糙度、排水性能及抗滑性能

测定方法	原　　理	特　　点
车载激光构造深度仪法	中子源发射的许多束光线,照射到路表面的不同深度处,用200多个二极管接收返回的光束,利用二极管被点亮的时间差算出所测路面的构造深度	测试速度快,适用于测定沥青路面干燥表面的构造深度,用以评价路面抗滑性能及排水性能,但不适用于很多坑槽、显著不平整或裂缝过多的路段
图像法	根据拍摄路面图片的明亮度比较,亮度较高的是凸起部分,亮度较低的是凹陷部分,凸凹趋势形成了沥青路面的表面特性。通过计算机对图片亮度的处理,根据每个像素点的灰度值计算出路面构造深度	测试速度快,成本较低,适用于测定沥青路面干燥表面的构造深度,但不适用于很多坑槽、显著不平整或裂缝过多的路段

水泥混凝土路面抗滑性能检查方法为铺砂法,检查频率为双车道每200m测一处,其规定值或允许偏差为:高速或一级公路:一般路段 TD 不小于0.7mm 且不大于1.1mm;特殊路段 TD 不小于0.8mm 且不大于1.2mm。其他公路:一般路段 TD 不小于0.5mm 且不大于1.0mm;特殊路段 TD 不小于0.6 且不大于1.1mm。

6.2　手工铺砂法测定路面构造深度

本方法适用于测定沥青路面及水泥混凝土路面构造深度,用以评定路面的宏观粗糙度、路面表面的排水性能及抗滑性能。这是目前工程上最为基本,也是最为常用的方法。构造深度的检测频率按每200m一处。

1. 仪具与材料

(1) 人工铺砂仪:由量砂筒、推平板组成,见图6-1。

① 量砂筒:一端是封闭的,内径 $\phi20mm$,外径 $\phi26mm$,总高90mm,容积为(25±0.15)mL。可通过称量砂筒中水的质量以确定其容积 V,并调整其高度,使其容积符合高度要求,可用刮尺将筒口砂刮平,见图6-1。

② 推平板:推平板为木制或铝制,直径为50mm,底层粘一层厚1.5mm 的橡胶片,上面有一把圆把手,见图6-2。

(2) 刮平尺:可用30cm 钢板尺代替。

(3) 量砂:足够数量的干燥洁净的匀质砂,粒径0.15～0.3mm。

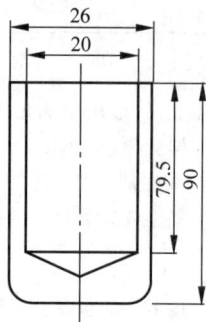

图 6-1 量砂筒(尺寸单位：mm)

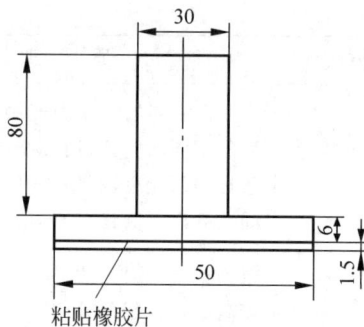

图 6-2 推平板(尺寸单位：mm)

（4）量尺：钢板尺、钢卷尺，或采用已按照式(6-1)将直径换算成构造深度作为刻度单位的专用构造深度尺。

（5）其他：装砂容器、小铲子、扫帚或毛刷、挡风板等。

2. 方法与步骤

1）准备工作

（1）量砂准备：将洁净的细砂晾干、过筛，取 0.15～0.3mm 的砂置于适当的容器中备用。量砂只能在路面上使用一次，不宜重复使用。回收砂必须经干燥、过筛后方可使用。

（2）确定测点：按公路路基路面现场随机测试选点方法，对测试路段随机取样选点，决定测点所在横断面位置。测点应选在行车道的轮迹带上，距离路面边缘不应小于 1m。

2）测试步骤

（1）用扫帚或毛刷子将测点附近的路面清扫干净，面积不小于 30cm×30cm。

（2）用小铲子装砂，沿筒向圆筒中注满砂，手提圆筒上方，在硬质路上轻轻叩打 3 次，使砂密实，补足砂面，用钢尺一次性刮平。注意不可直接用量筒装砂，以免影响量砂密度的均匀性。

（3）将砂倒在路面上，用底面粘有橡胶片的推平板由里向外重复做摊铺运动。稍稍用力将砂细心地尽可能向外摊开，使砂填入凹凸不平的路面空隙中，尽可能将砂摊成圆形，并不得在表面上留有浮动的余砂。注意摊铺时不可用力过大或向外推挤。

（4）用钢板尺测量所构成的圆的两个垂直方向的直径，取其平均值，准确至 5mm。

（5）按上述方法，同一处平行测定不少于 3 次，测定结果取平均值，精确到 0.01mm。3 个测点均位于轮迹带上，测点间距 3～5m。该处的测定位置以中间测点的位置表示。

路面构造深度测定点结果按下式计算：

$$TD = \frac{1000V}{\pi D^2/4} = \frac{31831}{D^2} \tag{6-1}$$

式中：TD 为路面构造深度，mm；V 为砂的体积，25cm^3；D 为摊平砂的平均直径，mm。

当平均值小于 0.2mm 时，试验结果以"<0.2mm"表示。同时还要计算每个评定路段路面构造深度的平均值、标准差、变异系数等。

一般来说，手工铺砂法误差较大，其原因很多，例如装砂的方法无标准，轻叩力度无标准，致使量筒中的砂紧密程度不一样，影响砂量；另外，用摊平法铺砂时手法因人而异，更主要的是砂摊开到多大程度为止无明确规定，故个人掌握不一样。为了克服手工铺砂法掌握不统一、测量不准的缺点，可采用电动铺砂法和激光法。

以下为某公路中粒式沥青混凝土路面用铺砂法测定路面构造深度的原始记录，仅供参考（表 6-2）。

表 6-2 手工铺砂法路面构造深度试验记录

承包单位： 合同号：

监理单位： 编号：

工程名称						试验日期			
起止桩号				K0+200～K0+600					
测点桩号	测点位置距中桩(m)左(+)右(−)	试验次数	砂体积/cm³	摊平砂直径 D/mm			构造深度 TD/mm	构造深度平均值/mm	
				上下方向	左右方向	平均值			
K0+200	5.5	1	25	200	200	200	0.80	0.80	
		2	25	210	200	205	0.76		
		3	25	200	190	195	0.84		
K0+400	−5.5	1	25	215	205	210	0.72	0.63	
		2	25	225	235	230	0.60		
		3	25	230	240	235	0.57		
K0+600	5.5	1	25	200	200	200	0.80	0.79	
		2	25	200	190	195	0.84		
		3	25	210	210	210	0.72		

测点数：3 规定值(mm)：≥0.55 平均值(mm)：0.74 标准差(mm)：0.10 变异系数(%)：13 合格率(%)：100

6.3　电动铺砂仪测定路面构造深度

本方法适用于测定沥青路面及水泥混凝土路面表面构造深度,用以评定路面宏观粗糙度及路面表面的排水性能和抗滑性能。

1. 仪具与材料

(1) 电动铺砂仪。利用可充直流电源,将量砂通过砂漏铺设成宽度 5cm、厚度均匀一致的器具,如图 6-3 所示。

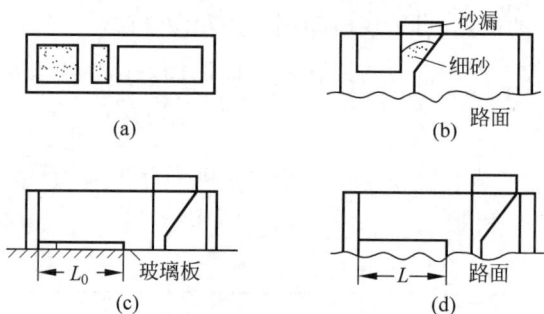

图 6-3　电动铺砂仪示意图

(2) 量砂:足够数量的干燥洁净的匀质砂,粒径为 $0.15\sim0.3$mm。

(3) 标准量筒:容积 50mL。

(4) 玻璃板:面积大于铺砂器,厚 5mm。

(5) 其他:直尺、扫帚、毛刷等。

2. 准备工作

1) 量砂准备

将洁净的细砂晾干、过筛,取 $0.15\sim0.3$mm 的砂置于适当的容器中备用。量砂只能在路面上使用一次,不宜重复使用。回收砂必须经干燥、过筛后方可使用。

2) 确定测点

按公路路基路面现场随机测试选点方法,对测试路段随机取样选点,决定测点所在横断面位置。测点应选在行车道的轮迹带上,距离路面边缘不应小于 1m。

3) 电动铺砂器标定

(1) 将铺砂器平放在玻璃板上,将砂漏移至铺砂器端部。

(2) 使灌砂漏斗口和量筒大致平齐,通过漏斗向量筒中缓缓注入准备好的量砂至高出量筒成尖顶状,用直尺沿筒口一次刮平,其容积为 50mL。

（3）使砂漏口与铺砂器砂漏斗上口大致齐平。将砂通过漏斗均匀倒入砂漏，漏斗前后移动，使砂的表面大致齐平，但不得用任何其他工具刮动砂。

（4）开动电动机，使砂漏向另一端缓缓运动，量砂沿砂漏底部成图 6-4 所示的宽度 5cm 的带状，待砂全部漏完后停止。

（5）按图 6-4 由 L_1 及 L_2 的平均值决定量砂的摊铺长度 L_0，准确至 1mm。

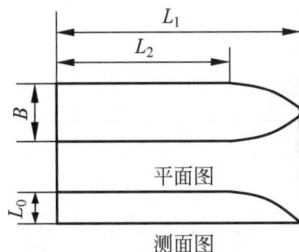

图 6-4　决定 L 及 L_0 的方法

$$L_0 = \frac{L_1 + L_2}{2} \tag{6-2}$$

（6）重复标定 3 次，取平均值决定 L_0，准确至 1mm。标定应在每次测量前进行，用同一种量砂，由承担测试的同一试验员进行。

铺砂仪在玻璃板上摊铺的量砂厚度 t_0（mm）为

$$t_0 = \frac{V}{B \times L_0} \times 1000 = \frac{1000}{L_0} \tag{6-3}$$

式中：V 为量砂体积，50cm^3；B 为铺砂仪铺砂宽度，50mm。

3. 方法与步骤

（1）将测试地点用毛刷刷净，面积大于铺砂仪。

（2）将铺砂仪沿道路纵向平稳地放在路面上，将沙漏移至端部。

（3）按电动铺砂器标定步骤（2）～（5）相同步骤，在测试地点摊铺 50cm^3 量砂，按图 6-4 方法量取摊铺长度 L_1 及 L_2，计算 L，准确至 1mm。

$$L = \frac{L_1 + L_2}{2} \tag{6-4}$$

（4）按以上办法，同一处平行测定不少于 3 次，3 个测点均位于轮迹带上，测点间距为3～5m。该处的测点位置以中间测点的位置表示。

路面构造深度按下式计算：

$$TD = \frac{L_0 - L}{L} \times t_0 = \frac{L_0 - L}{L \times L_0} \times 1000 \tag{6-5}$$

式中：TD 为路面构造深度，mm；L 为路面上 50cm^3 量砂摊铺的长度，mm；t_0 为铺砂仪在玻璃板上摊铺的量砂厚度，mm；L_0 为量砂的标定摊铺长度，mm，按式（6-2）计算。

每一处均取 3 次路面构造深度的测定结果平均值作为试验结果，准确至 0.1mm，见表 6-3。其他要求同手工铺砂法。

表 6-3　电动铺砂路面构造深度试验记录

承包单位：　　　　　　　　　　　　　　　　合同号：

监理单位：　　　　　　　　　　　　　　　　编号：

工程名称							试验日期	
起止桩号			K5＋010～K5＋410					
测点桩号	测点位置距中桩(m)左(＋)右(－)	L_0	t_0	L_1	L_2	L	构造深度 TD/mm	构造深度平均值/mm
K5＋010	5.5	263	3.8	234	215	225	0.64	0.67
				237	214	226	0.63	
				232	212	222	0.70	
K5＋210	－5.5	265	3.8	239	215	227	0.63	0.69
				230	211	221	0.75	
				233	215	224	0.69	
K5＋410	5.5	262	3.8	234	214	224	0.69	0.70
				231	213	222	0.73	
				238	212	225	0.67	

测点数：3 规定值(mm)：≥0.55 平均值(mm)：0.69 标准差(mm)：0.02 变异系数(%)：3 合格率(%)：100

　　应当注意,手工铺砂法与电动铺砂法虽然原理相同但测定方法有异。手工铺砂法将砂都填入凹凸空隙中,而电动铺砂法是与玻璃板铺砂相比较后而求得的,所以其结果存在差异。

6.4　车载激光构造深度仪测定路面构造深度

　　车载激光构造深度仪是智能化仪器,在新建、改建路面工程质量验收和无严重破损病害及无积水、积雪、泥浆等正常行车条件下连续采集测定路面构造深度,但不适用于带有沟槽构造的水泥混凝土路面构造深度的测定。

　　由于计算模式的差别,激光构造深度仪与铺砂法的测定结构存在一定的差异,因此必须在完成两者相关性试验和转换后才能进行结果的评定。

1. 仪具与材料

(1) 测试系统由承载车辆、距离传感器、激光传感器和主控制系统组成,如图 6-5 所示。主控制系统对测试装置的操作实施控制,完成数据采集、传输、存储与计算过程。

(2) 测试系统基本技术要求和参数:

① 最大测试速度:≥50km/h。

② 采样间隔:≤10mm。

③ 传感器测试精度:0.1mm。

④ 距离标定误差:<0.1%。

⑤ 系统工作环境温度:0～60℃。

图 6-5　激光构造深度仪

2. 方法与步骤

1) 准备工作

(1) 设备安装到承载车上后先进行相关性标定试验。

(2) 根据设备操作手册的要求对测试系统各传感器进行校准。

(3) 测量装置需要现场安装的,根据设备操作手册说明进行安装,确保机械紧固装置安装牢固。

(4) 测试系统各部分应符合测试要求,不应有明显的可视性破损。

(5) 打开系统电源,启动控制程序,检查各部分的工作状态。

2) 测试步骤

(1) 按照设备使用说明规定的预热时间对测试系统预热。

(2) 承载车在测试起点前 50～100m 处,启动测试系统程序,按照设备操作手册的规定和测试路段的现场技术要求设置所需的测试状态。

(3) 驾驶员应按照设备操作手册要求的测试速度范围驾驶承载车,避免急加速和急减速,急弯路段应放慢车速,沿着正常行车轨迹驶入测试路段。

(4) 进入测试路段后,测试人员启动系统的采集和记录程序,在测试过程中必须及时准确地将测试路段的起终点和其他需要特殊标记的位置输入测试数据记录中。

(5) 当承载车辆驶出测试路段后,测试人员停止数据采集和记录,并恢复仪器各部分至初始状态。

(6) 检查:测试数据文件应完整,内容应正确,否则需要重新测试。

(7) 关闭测试系统电源,结束测试。

3. 激光构造深度仪测值与铺砂法构造深度值相关关系对比试验

(1) 我国公路路面构造深度以铺砂法为标准测试方法。利用激光构造深度仪测出的构造深度和铺砂法测量结果不同,但两者具有良好的相关关系。因此激光构造深度仪测出的构造深度不能直接用于评定路面的抗滑性能,必须换算成铺砂法的构造深度后,才能判断路面抗滑性能是否满足要求。

（2）选择构造深度分别在 0～0.3mm、0.3～0.55mm、0.55～0.8mm、0.8～1.2mm 范围内的 4 个各长 100m 的试验路段。试验前将路面清扫干净,并在起终点上做上标记。

（3）在每个试验路段上沿着一侧行车轨迹用铺砂法测试至少 10 处的构造深度,并计算平均值。

（4）驾驶承载车以 30～50km/h 速度驶过试验路段,并且保证激光构造深度仪的激光传感器探头沿铺砂法所测的构造深度的行车轨迹后,计算试验路段的平均构造深度。

（5）建立两种方法的相关关系式,要求相关系数不小于 0.97。

4. 报告

（1）测试路段平均构造深度值、标准差。

（2）提供激光构造深度仪测值与铺砂法构造深度值在选定测试条件下的相关关系式及相关系数。

6.5　图像法测定路面构造深度

道路工程中对沥青路面构造深度的测试方法主要有两种,其中铺砂法操作简便但误差较大,激光法结果精确但成本较高。利用数字图像技术将路面情况拍照,输入计算机处理从而得到构造深度,将同时兼顾到精确性和经济性的要求。21 世纪以后,我国开始将数字图像技术应用于路面检测中,目前此项技术仍处于发展中。图像处理法由于与铺砂法的操作计算机理存在差异,因此必须在完成两者之间的相关性试验和转换后才能进行测试结果的评定。

1. 图像法机理

图像可以由有限数量的元素组成,每个元素都有其特殊的位置和数值,这些元素通常称为像素。在沥青路面上拍摄一幅图像,最重要的是获取图像的像素矩阵,将图像转化为数字矩阵形式进行处理。

通常一幅图像由亮度、色调和饱和度 3 个特性表征,图像经过灰度处理后,得到的灰度图像只与亮度有关,也称为亮度图像。灰度图像每个像素点只需一个灰度值（又称强度值、亮度值）表征,灰度值范围为 0～255,从黑色到灰色最终到白色。对于路面表面凹凸不平的构造来说,不同深度部位由于反光角度、反光路径等因素的影响,使得形成图像的不同像素点反光程度有所差异,路面表面凸起的部分反光强烈,在图像上的灰度值（亮度值)较大,而其底面凹陷的部分反光较弱,在图像上的灰度值(亮度值)较小,因此,可以根据图像上不同像素点的灰度差值来表征路面表面凹凸不平的程度,从而间接反映构造深度。

2. 测试步骤

(1) 用相机在沥青路面表面拍摄一幅图像,反映路面凹凸不平的构造。拍摄图像时尽量选择在天气晴朗、光线明亮的条件下拍摄,且每次拍摄光线条件差异不大。

(2) 将图像输入计算机中进行灰度化处理,并得到相应的灰度值二维数字矩阵。

(3) 采用灰度值数据进行灰度运算处理,建立三维数字图像模型。目前常见的灰度均值计算方法有灰度最值数学模型、总体平均绝对偏差模型、分部平均绝对偏差模型,其中分部平均绝对偏差模型是最符合路面构造深度的计算模型。

(4) 将灰度值通过一定规则的运算处理,建立图像灰度值和铺砂法测量路面实际构造深度值在选定条件下的关系式。

3. 报告

(1) 测试路段路面平均构造深度值。

(2) 提供图像法测试构造深度值与铺砂法构造深度值在选定测试条件下的相关关系式及相关系数。

复习思考题

1. 测定路面构造深度的常用方法有哪些?各自有何特点?
2. 如何用电动铺砂法检测路面构造深度?
3. 我国路面构造深度的标准是什么?铺砂法测定值与其他方法测定值之间有何联系?
4. 试简述手工铺砂法与电动铺砂法测试原理,以及测试方法的差异。
5. 请简述构造深度的测定在工程中的作用。

第 7 章

路面摩擦系数测量

7.1 概述

路面摩擦系数是评价路面粗糙度的常用指标。路面的摩擦系数越大,粗糙度越好。摩擦系数大小主要取决于三个方面的因素:轮胎特性、路面表面特性和气候条件。

7.1.1 轮胎特性

在相同结构的路面上,由于轮胎特性不同,其摩擦系数也不同。轮胎的磨耗量在一定程度上影响摩擦系数的大小。在潮湿路面上行驶时,轮胎表面形状不同引起路面上排水效果不同,轮胎表面花纹深度对抗滑性能有影响,轮胎的橡胶性质、尺寸对摩擦系数也有影响,轮胎的直径增加和宽度减少对轮胎的摩擦系数均有一定的影响。另外,当轮胎的接触压力、轮重等变化时,也会引起摩擦系数的变化。车速增加,摩擦系数减小,车速对潮湿路面的抗滑性能影响特别大。

7.1.2 路面表面特性

不同的路面类型,其摩擦系数值有一定的差异,但在干燥状态下路面的摩擦系数差异不大。当路表处于潮湿状态时,特别是路表与轮胎之间形成水膜时,摩擦系数要小得多。温度对摩擦系数也有影响,一般随着温度的升高,摩擦系数相应减小。路面表面特性包括路表面微观构造和宏观构造。

路表微观构造是指路面表层石料表面水平方向 0.5mm 以下、垂直方向 0.2mm 以下的表面纹理。不同种类的石料在经磨光后其摩擦系数大小有明显的差别,微观构造越大,石料抗滑性能越好。在任何条件下,微观构造对路面的抗滑性能均有一定的影响,尤其是在低速行车条件下,微观构造对抗滑性能的影响更为明显。

路表面宏观构造指路面表层深度大于 0.5mm 的构造,或称为路表面的凹陷与凸起。宏观构造主要反映了路面排水能力的大小,对临界水膜厚度有决定性的作用,因此,宏观构造对高速行车、潮湿条件下路面的抗滑性能起主要作用。宏观构造的大小取决于路面表层沥青混合料集料特性,包括颗粒尺寸、级配、形状及棱角性。有棱角、表面粗糙、形状接近立方体的集料,其摩擦系数要比圆滑的集料大得多。

7.1.3 气候条件

气候条件影响路面的摩擦系数,其影响主要来自路面上的水膜及季节性变化。

影响水膜厚度的因素有很多,水膜的厚度与路面排水状况、路线设计要素及降雨速度关系密切。对车辆而言,存在一个与轮胎花纹和车速相关的临界水膜厚度,超过这个临界值,行车就可能会产生水漂,此时,路面的抗滑将不再起作用。

季节性的影响主要来自温度及路面的洁净程度。研究表明,轮胎与路面的摩擦力受温度影响较大,随着温度的降低,橡胶轮胎的摩擦系数将提高。当路面表面受粉尘污染时,将导致路面构造深度的减小,从而使路面抗滑能力降低。路面上的结冰与积雪,均会使路面摩擦系数降低。因为轮胎与路面正常的接触条件被隔断,而变成了轮胎与冰、雪的接触。由于冰、雪的摩擦系数很低,通常在 0.1～0.3,因此在结冰或积雪条件下行车是非常危险的。路面上的脏物,如矿粉末、污泥及松散沙砾、汽车滴下的油类、轮胎磨耗的胶粉也会对摩擦系数产生影响。

上述各因素对摩擦系数均有一定的影响,它们综合在一起对路面摩擦系数的影响是十分复杂的。

7.2 摆式仪测定路面摩擦系数

用摆式仪测定路面摩擦系数是由英国道路和运输研究所发明,并逐渐在世界各国使用。BPN 是 British Pendulum Number 的缩写,即摆式仪的刻度。此方法是目前世界各国广泛采用的路面摩擦系数测试法,它具有结构简单、操作方便、数据稳定的优点。BPN 值主要取决于石料磨光值 PSV,且两者具有良好的相关性:$BPN = PSV \times 0.51 + 25.2$。

摆式仪测定路面摩擦系数的试验方法适用于以摆式仪测定沥青路面、标线或其他材料试件的抗滑值,用以评定路面或路面材料试件在潮湿状态下的抗滑能力。

1. 仪具与材料

(1)摆式仪:形状及结构如图 7-1 所示。摆及摆的连接部分总重量(1500±30)g,摆动中心至摆的重心距离(410±5)mm,测定时摆在路面上滑动长度为(126±1)mm,摆上橡胶片端部距摆动中心的距离为(510±2)mm,橡胶片对路面的正向静压力为(22.2±0.5)N。

图 7-1　摆式仪结构示意图

(2)橡胶片:当用于测定路面抗滑值时,其尺寸为 6.35mm×25.4mm×76.2mm,橡胶质量应符合表 7-1 的要求。

表 7-1　橡胶片物理性能技术要求

温度/℃	0	10	20	30	40
弹性/%	43～49	58～65	66～73	71～77	74～79
硬度(IR)	55±5				

当橡胶片使用后,端部在长度方向上磨耗超过 1.6mm 或边缘在宽度方向上磨耗超过 3.2mm,或有油污污染时,应立即更换胶片。新橡胶片应先在干燥路面上测试 10 次后再用于测试。橡胶片的有效使用日期从出厂日期算为 12 个月。

(3)滑动长度量尺:长 126mm。

(4)喷水壶。

(5)硬毛刷。

(6)路面温度计:分度不大于 1℃。

(7)皮尺或钢卷尺、扫帚、粉笔、标志板、小红旗等。

2. 方法与步骤

1)准备工作

(1)检查摆式仪的调零灵敏度,并定期进行仪器的标定。当用于路面工程检查验收时,仪器必须重新标定。

(2)对测试路段按随机取样选点的方法选定测点。测点应选在行车车道的轮迹处,距路面边缘不应小于 1m,并用粉笔作出标记。测点位置与铺砂法一一对应。

2)测试步骤

(1)清洁路面

用扫帚将测点处的路面打扫干净。

（2）仪器调平

① 将仪器置于路面测点上，并使摆的摆动方向与行车方向一致。

② 转动底座上的调平螺母，使水准泡居中。

（3）调零

① 放松紧固把手，转动升降把手，使摆升高并能自由摆动，然后旋紧紧固把手。

② 将摆向右运动固定在右侧悬臂上，使摆处于水平释放位置，并把指针拨至右端与摆杆平行位置。

③ 按下释放开关，使摆向左带动指针摆动，当摆达到最高位置下落时，用手将摆杆接住，此时指针应为零。若不为零，可稍微旋紧或放松摆的调节螺母，重复本项操作，直至指针指零。调零允许误差为±1BPN。

（4）校核滑动长度

① 让摆自由悬挂，松开固定把手，转动升降把手，使摆下降。同时，提起举升柄使摆向左侧移动，然后放下举升柄使橡胶片下缘轻轻触地，紧靠橡胶片摆放滑动长度量尺，使量尺左端对准橡胶片下缘；再提升举升柄使摆向右侧移动，然后放下举升柄使橡胶片下缘轻轻触地，检查橡胶片下缘应与滑动长度量尺的右端齐平。

② 若齐平，则说明橡胶片两次触地的距离（滑动长度）符合126mm的规定要求。

③ 若不齐平，升高或降低摆或仪器底座的高度。微调时用旋转仪器底座上的调平螺母调整仪器底座高度的方法比较方便，但需注意水平泡居中。

④ 重复上述操作，直至滑动长度符合126mm的规定。应注意，在校核滑动长度时，应以橡胶片长边刚刚接触路面为准，不可借助摆的力量向前滑动，以免标定的滑动长度与实际不符。

（5）路面测试

① 将摆固定在右侧悬臂上，使摆处于水平释放位置，并把指针拨至右端与摆杆平行位置。

② 用喷壶的水浇洒测试路面，并用硬毛刷刮除表面泥浆杂质，使路面处于湿润状态。

③ 按下右侧悬臂上的释放开关，使摆在路面滑过，指针即可指示出路面的摆值，但第一次测定不做记录。当摆杆回落时，用手接住摆，右手提起举升柄使滑块升高，将摆向右运动，并使摆杆和指针重新置于水平释放位置。

④ 重复步骤③的操作测定5次，并读记每次测定的摆值（即BPN）。单点测定的5个值中最大值与最小值的差值不得超过3，如大于3，应检查产生的原因，并重复上述各项操作直至符合规定为止。取5次测定的平均值作为单点的路面抗滑值，取整数。

⑤ 在测点位置上用温度计测定潮湿路面的温度，准确至1℃。

⑥ 每一个测点由3个单点组成，即需按以上方法在同一测点处平行测定3次，3个测点均位于轮迹带上，测点间距3～5m。该处的测点位置以中间测点的位置表示。每一处

均取 3 次测定结果的平均值作为该测点的代表值,准确至 1。

3. 抗滑值的温度修正

当路面温度为 t（℃）时,测得的摆值为 BPN_t 必须按下式换算成标准温度 20℃的摆值 BPN_{20}：

$$BPN_{20} = BPN_t + \triangle BPN \qquad (7-1)$$

式中：BPN_{20} 为换算成标准温度 20℃的摆值,BPN；BPN_t 为路面温度 t 时测得的摆值,BPN,t 为测定的路面潮湿状态下的温度；$\triangle BPN$ 为温度修正值,按表 7-2 采用,在中间温度时,可用内插值计算。

表 7-2　温度修正值

温度/℃	0	5	10	15	20	25	30	35	40
温度修正值 $\triangle BPN$	−6	−4	−3	−1	0	+2	+3	+5	+7

4. 报告

（1）测试日期、测试位置、天气情况、喷水后潮湿路面的温度,并描述路面类型、外观、结构类型等。

（2）路面单点测试值 BPN_t、经温度修正后的 BPN_{20}、3 次测定的平均值。

（3）每一个评定路段（不小于 5 个测点）路面抗滑值的平均值、标准值、变异系数。

（4）精度要求是同一个测点、同一人重复测试 5 次的差值不大于 3BPN。

7.3　横向力系数测试法测定路面摩擦系数

国际上通行的测定路面摩擦系数车有两大类：一类是以英国 SCRIM 为代表,测定横向力系数,它广泛应用于西欧一些国家；另一类是美国、日本等使用的纵向摩擦系数测定车。横向力系数在表示车辆在路面上制动时路面抗力的同时,还表征车辆在路面上发生侧滑的抗力。在我国,侧向滑溜是交通事故的主要形式。纵向摩擦系数主要表示车辆在路面上沿行车方向制动时的路面抗力,与高速公路的制动距离关系更为紧密。两者有所不同,又有所关联。本章将介绍两种横向力系数测试法测定路面摩擦系数。

7.3.1　单轮式横向力系数测试系统测定路面摩擦系数试验方法

本方法使用的是国内通行的横向力摩擦系数测定车,它是按照英国 SCRIM 原型研制的。横向力系数指与行车方向成 20°偏角的测试轮以一定速度行驶时,专用轮胎与潮湿路面之间的测试轮轴向摩擦阻力与垂直荷载的比值,简称 SFC,无量纲。

本试验方法适用于工作原理和结构与 SCRIM 测试车相同的横向力系数测试系统在新建、改建路面工程质量验收和无严重坑槽、车辙等病害的正常行车条件下测定,连续采集路面的横向力系数,数据的采集、传输、记录和处理分别由专用软件自动控制进行。

1. 测试系统组成

测试系统由承载车辆、距离测试装置、横向力测试装置、供水装置和主控制系统组合。主控制系统除实施对测试装置和供水装置的操作控制外,同时还控制数据的传输、记录、计算等。横向力系数测试系统的承载车辆应有能够固定和安装测试、储供水、控制和记录等系统的载货车底盘,并具有在水罐满载状态下最高车速大于 100km/h 的性能。

2. 测试系统技术要求和参数

(1) 测试轮胎类型为光面天然橡胶充气轮胎,规格为 3.00-20-4PR,标准气压为(350 ± 20)kPa,测试轮偏角为 $19.5°\sim21°$,测试轮静态垂直标准荷载为(2000 ± 20)N。

(2) 拉力传感器:非线性误差$<0.05\%$,有效量程($0\sim2000$)N。

(3) 距离标定误差:$<2\%$。

3. 准备工作

(1) 每个测试项目开始之前或连续测试超过 1000km 后必须进行测试系统的标定,记录标定数据并存档。

(2) 检查测试车轮胎气压,应达到车辆轮胎规定的标准气压。

(3) 检查测试轮胎磨损情况,当其直径比新轮胎减小达 6mm(胎面磨损 3mm)以上或有明显磨损裂口时,必须立即更换新轮胎。更换的新轮胎在正式测试前应试测约 2km。

(4) 拧紧测试轮固定螺栓,将测试轮放在正常测试时的位置,并能够沿两侧滑柱上下自由升降。

(5) 根据测试里程的需要向水罐加注清洁测试用水。洒水位置应在测试轮触地面中点沿行驶方向向前(400 ± 50)mm 处,洒水宽度应为中心线两侧各不小于约 75mm。

(6) 将控制面板电源打开,检查各项控制功能键、指示灯是否正常,技术参数选择要符合要求。

4. 测试步骤

(1) 测试前,对系统进行通电预热。

(2) 进入测试路段前应将测试轮胎降至路面上,预跑约 500m。

(3) 按照设备的规定和测试路段的现场技术要求设置所需的测试状态。

(4) 驾驶员在进入测试路段前应保持车速在规定的测试速度范围内,沿正常行车轨迹驶入测试路段。

（5）进入测试路段后，测试人员启动系统的采集和记录程序。在测试过程中必须及时准确地将测试路段的起终点和其他需要特殊标记的位置输入测试数据记录中。

（6）当测试车辆驶出测试路段后，测试人员停止数据采集和记录，提升测量轮并恢复仪器各部分至初始状态。检查数据文件是否完整，内容是否正确，否则需要重新测试。

（7）关闭测试系统电源，结束测试。

5. SFC 值的修正

1）SFC 值的速度修正

测试系统的标准测试速度规定为(50 ± 4)km/h，其他速度条件下测试的 SFC 值必须通过下式转换至标准速度下的等效 SFC 值。

$$\text{SFC}_{标} = \text{SFC}_{测} - 0.22(V_{标} - V_{测}) \tag{7-2}$$

式中：$\text{SFC}_{标}$为标准测试速度下的等效 SFC 值；$\text{SFC}_{测}$为现场实际测试速度条件下的 SFC 测试值；$V_{标}$为标准测试速度，取值 50km/h；$V_{测}$为现场实际测试速度。

2）SFC 值的温度修正

测试系统的标准现场路面测试温度范围为(20 ± 5)℃，其他路面温度条件下测试的 SFC 值必须通过表 7-3 转换至标准温度下的等效 SFC 值。系统测试要求路面温度控制在$(8\sim60)$℃的范围内。

表 7-3　SFC 值温度修正

温度/℃	10	15	20	25	30	35	40	45	50	55	60
修正	−3	−1	0	+1	+3	+4	+6	+7	+8	+9	+10

6. 不同类型摩擦系数测试设备间相关关系对比试验

不同类型摩擦系数测试设备的测值应换算成 SFC 值后方可使用，所以制动式摩擦系数测量设备和其他类型横向力测试设备在使用时必须和 SCRIM 系统进行对比试验，建立测试结果与 SCRIM 系统测值-SFC 值的相关关系。

1）试验条件

（1）按 SFC 值 0～30、30～50、50～70、70～100 的范围选择 4 段不同摩擦系数的路段，路段长度为 100～300m。

（2）对比试验路段地面应清洁干燥，地面温度应在 10～30℃范围内，天气条件宜为晴天无风。

2）试验步骤

（1）测试系统和需要进行对比试验的其他类型设备分别按上述"4.测试步骤"规定准备就绪。

（2）两套设备分别以 40km/h、50km/h、60km/h、70km/h、80km/h 的速度在所选择

的 4 种试验路段上各测试 3 次,3 次测试的平均值的绝对差值不得超过 5,否则重测。

(3)两种试验设备设置的采样频率不应超过 1 倍,每个试验路段的采样数据量不应少于 10 个。

3)试验数据处理

(1)分别计算出每种速度下各路段 3 次测试结果的总平均值和标准差,超过 3 倍标准差的值应予以舍弃。

(2)用数理统计的回归分析方法建立试验设备测值与速度的相关性关系式,相关系数 R 不得小于 0.95。

(3)建立不同速度下试验设备测值 SFC 的相关性关系式,相关系数不得小于 0.95。

7. SFC 代表值

根据 JTG F80/1—2004《公路工程质量检验评定标准(土建工程)》中相关规定,横向力摩擦系数使用代表值进行工程质量评定,按下式计算 SFC 代表值。

$$\text{SFC}_r = \text{SFC} - \frac{t_\alpha}{\sqrt{N}} S \tag{7-3}$$

式中:SFC_r 为 SFC 代表值;SFC 为平均值;S 为标准差;N 为数据个数;t_α 为 t 分布表中随自由度($N-1$)和置信水平 α 而变化的系数。

8. 报告

(1)测试路段名称及桩号、公路等级、测试日期、天气情况、路面在潮湿状态下的路面温度,以及描述路面结构类型及外观等。

(2)报告应包括横向力系数 SFC 的平均值、标准差、代表值和现场测试速度和温度。

7.3.2　双轮式横向力系数测试系统测定路面摩擦系数试验方法

Mu-Meter 摩擦系数测试系统是英国制造的一种横向力摩擦系数的测试设备,其设备机构、传感器测力方向、轮胎尺寸和气压、荷载重量等均与 SCRIM 测试车不同。Mu-Meter 具有体积小、价格低等优点。

本方法适用于工作原理和结构同 Mu-Meter 相同的摩擦系数测试系统在新建、改建路面工程的质量验收和无严重坑槽、车辙等病害的正常行车条件下,测定沥青路面或水泥混凝土路面的摩擦系数。数据采集、传输、记录和处理分别由专用软件进行自动控制。

1. 测试系统组成

测试系统主要由牵引车、供水系统、测量机构、电子控制和数据处理系统、标定装置等组成。牵引车最高行驶速度应大于80km/h,车辆后部可安装专用的拖挂装置,车辆应配置警灯及相关警示标志。

2. 测试系统技术要求和参数

(1)测量仪总质量:256kg。

(2)测试轮夹角:15°。

(3)测试轮标准气压:(70 ± 3.5)kPa。

(4)测试轮规格:4.00/4.80-8 光面轮胎。

(5)洒水量:路面水膜厚度 0.5～1.0mm。

(6)测试速度范围:40～60km/h。

(7)单轮静态标准荷载:1.27kN。

3. 准备工作

(1)对测试系统进行标定。将专门的标定板放在地面上,人工将测试仪从板上拖拉3遍,系统自动判断标定是否通过,标定通过后才能用于路面测试。

(2)测试前,预热 10min 左右,并检查汽油机是否能正常工作,机油是否需要更换。

(3)测试仪及洒水车轮胎胎压应满足测试要求,测试应带上气压表和充气泵,以便随时检查测试车轮胎胎压是否正常,必要时及时补气。系统各部分轮胎气压要求如下,横向力系数测试轮:(70 ± 3.4)kPa;距离测试轮:(210 ± 13.7)kPa。

(4)降下测试轮,打开水阀检查水流情况是否正常,水流是否符合要求。检查仪表等,各项指数正常后,升起测试轮。

(5)将牵引车及洒水车、测试仪及控制线路连接线依次连好后,拔出测试车插销,打开电脑进入测试状态,同时发动汽油机,打开水阀,准备测试。

4. 测试步骤

(1)在测试路段起点前约 500m 处停车,开机预热时间不少于 10min。

(2)将车辆驶向测试路段,提前约 200m 处打开水阀,降下测试轮。测试时的车速为40～60km/h,测试过程中应保持匀速。

(3)测试过程中如遇数值异常或其他特征点,应及时通过控制程序做好标记,以备后查。当测试完成后,存储数据文件。

5. 测试数据处理

测定的摩擦系数数据存储在计算机磁盘中。测试系统提供数据处理程序,可计算和打印出每一个计算区间的摩擦系数值、行程距离、行驶速度、统计个数、平均值和标准差,同时还可以打印出摩擦系数的变化图。

6. 数据类型相关性转换

Mu-Meter 测试路面的横向力摩擦系数,其测试结果与 SFC 值之间具有良好的相关关系,参考 SCRIM 的方法进行相关性试验,Mu-Meter 的测试结果转换成标准 SFC 值后才可进行相关的质量检验和评价。

7. 报告

(1) 路面摩擦系数值平均值、标准差、变异系数。

(2) 提供摩擦系数值与 SCRIM 系统测值所建立的相关关系式及相关系数。

7.4　路面纵、横向摩擦系数关联性研究

在国际上,路面横向力系数和纵向力系数都是用来评价路面抗滑性能的通用指标,但我国现行标准规定仅使用横向力系数作为路面抗滑性能的评价指标。由此带来两方面的问题,即使得我国路面抗滑性能检测方法及评价体系无法与国际接轨、国内公路行业对于路面的纵向力系数和横向力系数之间的相关性没有明确的概念。所以,研究这两个指标间的关系有利于不同检测方法的使用者之间进行技术交流,有利于对路面抗滑性能进行更好的评价,有利于完善我国路面抗滑性能的评价体系,并对路面摩擦力检测设备的研发具有一定的指导意义。

1. 轮胎受到的横向力和纵向力的关系

在实际工况中,如在转弯加速或转弯制动等情况下,轮胎要受到横向力和纵向力的共同作用,纵向力的存在将会影响轮胎受到的横向力的大小。在横向力系数测试系统中,轮胎同时受到横向力和纵向力的作用,轮胎的受力情况如图 7-2 所示。

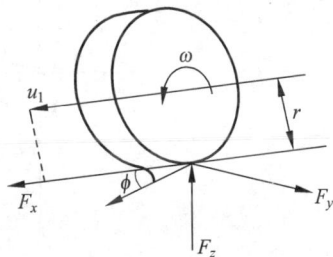

图 7-2　轮胎受力图

测试用的轮胎一边以角速度 ω 旋转,同时还沿着相对于其旋转面成 ϕ 的方向行驶。轮胎在其回转面内沿纵向力方向的速度为 u_1,F_y 是轮胎受到的横向力,F_x 是纵向力,F_z 为轮胎受到的垂直力。根据古典的库仑摩擦定理,作用于轮胎上的横向力 F_y 和纵向力 F_x,不管在怎样的场合下,均必须满足以下公式:

$$\sqrt{F_x^2 + F_y^2} \leqslant \mu F_z \tag{7-4}$$

即对于作用于轮胎和地面间的水平面内全部力的合力,其大小不可能大于其垂直载荷和

摩擦因数之积,合力的向量只能位于半径为 μF_z 的圆内,称此圆为摩擦圆,如图 7-3 所示。

轮胎受到的横向力所能达到最大值的表达式为

$$F_{\max} = \sqrt{\mu^2 F_x^2 - F_x^2} \tag{7-5}$$

当轮胎的侧偏角达到一定角度时,在地面与轮胎面接触区域内几乎全都发生相对滑动,则轮胎的横向力将接近于垂直载荷和摩擦因数之积 $\mu\omega$。

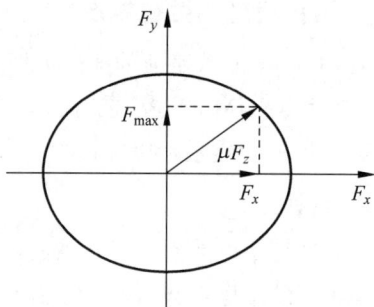

图 7-3 摩擦圆

2. 计算轮胎胎面橡胶的横向力 F

在轮胎与地面相互接触时,首先是轮胎面的基底发生变形,随后是附着在上面的轮胎面的橡胶变形。

(1)计算轮胎胎面橡胶在未滑动区域的侧向位移 y_1。

在地面和轮胎胎面橡胶之间无相对滑动 $0 \leqslant x \leqslant l_1$ 的范围内,因为接地面沿轮胎前进方向的反向发展变形(图 7-4),所以沿纵向各点的接地面侧向位移可表示为

$$y_1 = \tan\beta x \tag{7-6}$$

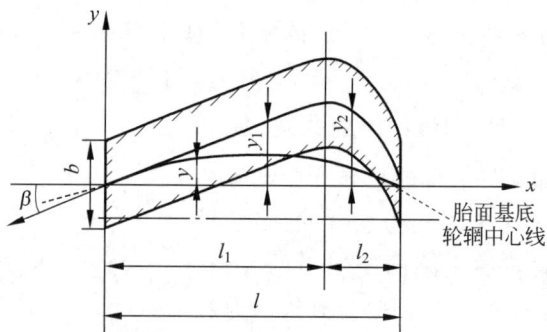

图 7-4 轮胎侧向变形图

(2)计算轮胎胎面橡胶在未滑动区域内单位长度的横向力 f_1。

轮胎胎面橡胶在未滑动区域的侧向位移 y_1 由式(7-6)给出,所以轮胎胎面橡胶在轮胎胎面基底和地面之间产生的剪切变形为 $(y_1 - y)/d$,如图 7-5 所示,b 为轮胎胎面基底的宽度,d 为胎面橡胶的高度。

因此,在接地面的纵向各点处每单位长度上受到的横向力如下式:

$$f_1 = k_0(y_1 - y) = k_0\left[\tan\beta x - \frac{\alpha^3 l^2 F}{2k} \frac{x}{l}\left(1 - \frac{x}{l}\right)\right] \tag{7-7}$$

式中：$k_0 = G\dfrac{b}{d} = \dfrac{E}{2(1+\nu)}\dfrac{b}{d}$；$G$ 为轮胎胎面的切变模量；υ 为泊松比。

（3）计算轮胎胎面橡胶在已滑动区域单位长度的横向力 f_2。

如果轮胎的侧偏角增大，则轮胎接地面会逐渐向后方移动，即 $y_1 - y$ 将逐渐变大。如果 f_1 的值超过地面和轮胎胎面橡胶间的摩擦力，则地面和轮胎胎面橡胶间将产生相对滑动，这个范围就是 $l_1 \leqslant x \leqslant l$。在这个区域内，轮胎胎面橡胶的剪切变形为 $(y_2 - y)/d$，产生这一变形的力 f_2 为轮胎胎面橡胶和地面间的摩擦。

设轮胎的垂直载荷为 W，并假设由此载荷产生的接地面接地压力的分布，如图 7-6 所示。

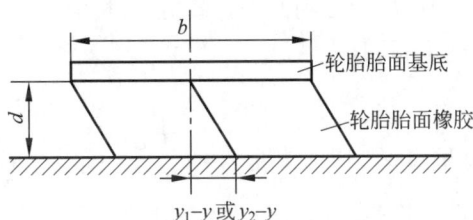

图 7-5　轮胎胎面橡胶的剪切变形

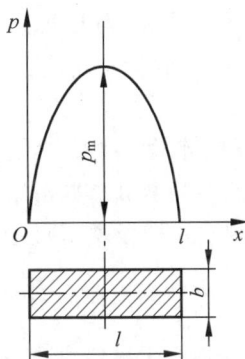

图 7-6　轮胎接地压力的分布

可以由顶点在接地面中心的 x 的二次式近似地表示为

$$p = 4p_m \frac{x}{l}\left(1 - \frac{x}{l}\right) \tag{7-8}$$

式中：p_m 为最大接地压力，

$$p_m = \frac{3W}{3bl} \tag{7-9}$$

由此可得 f_2 如下：

$$f_2 = k_0(y_2 - y) = \mu bp = 4\mu p_m b\frac{x}{l}\left(1 - \frac{x}{l}\right) \tag{7-10}$$

计算轮胎在整个接地面内受到的横向力 F。侧偏角 β 较小时，横向力 F 几乎与 $\tan\beta$ 成正比。但当 β 一旦大于某值，横向力就趋于饱和。即：侧偏角即使再增大，横向力也不会增大。F 的最大值为 μW。

3. 计算纵向力系数的数值

在纵向力系数测试系统中，测试轮胎没有横向力的作用而只受到与行驶方向相反的

纵向力作用,这种情况下测试轮胎受到纵向力的大小可用下式表示:

$$F_纵 = \mu W \tag{7-11}$$

由此可见,在垂直载荷一定的情况下,测试轮胎所受到的纵向力与路面的摩擦系数成正比。在测试时要求轮胎的滑移率保持在 12%~15%,此时测得的数值从理论上讲是地面所能提供的最大附着系数。在实际测试过程中,测试轮胎在横向风力、路面横坡等因素的影响下会受到横向力的作用,但是此横向力很小,对纵向力的影响可以不考虑,所以仍可以认为纵向力系数接近路面的最大附着系数。

4. 纵向力系数与横向力系数的关系

在路面横向力系数测试系统中,横向力最大值接近 μW,即 $F_横 \leqslant \mu W$;在路面纵向力系数测试系数中,测得的纵向力为 $F_纵 = \mu W$。

由此可见,在同一路面上使用以上两种路面摩擦系数检测方法进行检测时,如果测试条件满足:

(1) 测试轮胎类型和充气压力相同、测试轮胎受到的垂直载荷 W 相同;

(2) 连续型摩擦系数检测仪的检测速度相同;

(3) 路面水膜厚度相同。

纵向力系数与横向力系数便可以相互比较:横向力系数 $u_1 \dfrac{F_横}{W} \leqslant \dfrac{F_纵}{W} = u$。我们可知横向力系数小于纵向力系数,但是当测试轮胎的偏转角为 20°时测得的横向力为最大值,其大小接近纵向力,所以横向力系数与纵向力系数比较接近。

复习思考题

1. 摆式仪测定路面摩擦系数时如何校核滑动块长度?
2. 简述路面横向力摩擦系数测定的步骤。
3. 试简述有哪些因素会影响路面摩擦系数的测定。
4. 路面摩擦系数不足会造成什么后果?
5. 简述路面横向力系数和纵向力系数之间的区别与联系。

第 8 章

路面形貌测量与重构

8.1 概述

8.1.1 路面纹理的分类

路面形貌在公路研究领域一般表述为路面纹理。国际道路协会常设委员会（Permanent International Association of Road Congresses，PIARC）根据纹理平面尺寸和高度方向的尺寸表征其集合特征，并将它分为四类：微观纹理（micro-texture）、宏观纹理（macro-texture）、粗大纹理（mega-texture）和不平整度（roughness）。

微观纹理一般指波长 $1\mu m \sim 0.5mm$，高度方向 $1\mu m \sim 0.5mm$ 的纹理，是有附着力的不规则石料的表面纹理；路面裸露集料表面具有的起伏特性在矿物岩相学中属于一种颗粒函数关系，如颗粒形状、矿料结构和结合料等因素具有的函数关系。

宏观纹理一般指波长 $0.5 \sim 50mm$，高度方向 $0.5 \sim 20mm$ 的粗糙纹理，主要由骨料的形状、粒径、排列和空隙决定，受施工工艺、交通状况和使用时间的影响。微观纹理与宏观纹理的示意图见图 8-1。

大构造描述的是由现场施工方法不符合施工流程或者施工操作不规范引起的表面不规则性，一般由车辙、坑槽、路面修补处、石料表面的磨损以及主要的接缝和裂缝造成的，在路面水平方向的波长为 $50 \sim 500mm$，其对路面噪声和滚动阻力的影响比对路面抗滑性能的影响大。

不平整度是指与影响滚动阻力、行驶质量和车辆营运成本的大构造相比，具有更大表面不规则性，路面水平方向波长大于 $500mm$，一般将其用来衡量沥青路面的总体状况，通常通过国际平整度指数 IRI 来计算。

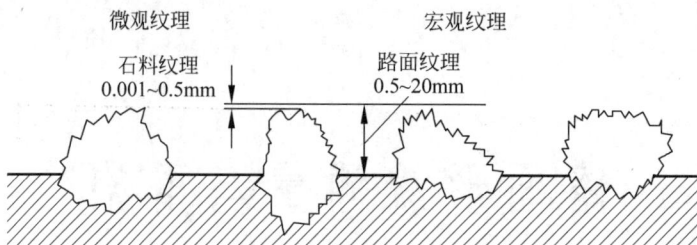

微观纹理　　　　　　　　　宏观纹理

石料纹理　　　　　　路面纹理
0.001~0.5mm　　　　0.5~20mm

图 8-1　微观纹理与宏观纹理示意图

　　路面使用性能与路面形貌有关,路面形貌对路面使用性能的影响见图 8-2。获取沥青路面形貌是研究沥青路面形貌特征参数的基础,也是建立路面形貌特征与路面使用性能关系、实现基于路面形貌特征对路面性能评价的基础。

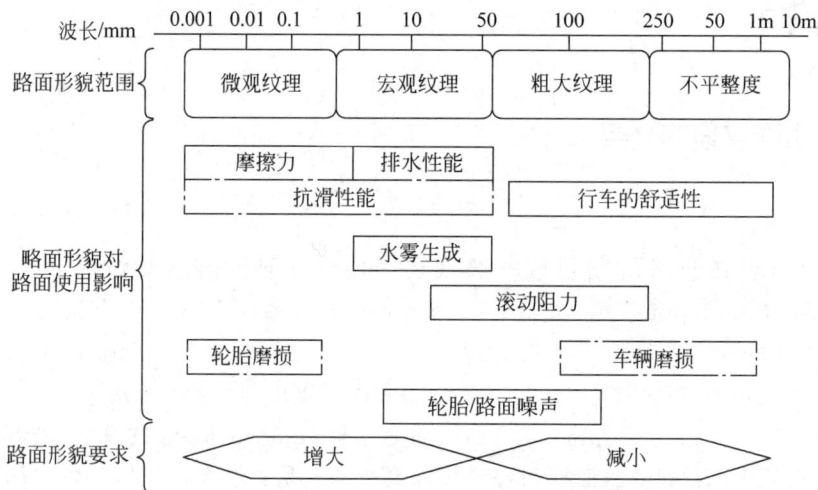

波长/mm　0.001 0.01 0.1　1　10　50　100　250　50 1m 10m

路面形貌范围

| 微观纹理 | 宏观纹理 | 粗大纹理 | 不平整度 |

略面形貌对路面使用影响

摩擦力　排水性能
抗滑性能　　行车的舒适性
水雾生成
滚动阻力
轮胎磨损　　车辆磨损
轮胎/路面噪声

路面形貌要求　增大　减小

图 8-2　沥青路面形貌对路面使用性能的影响

8.1.2　沥青路面形貌特征参数及计算

　　虽然通过人眼可以对沥青路面形貌特征进行初步辨析,如沥青路面粗糙或者光滑,但是粗糙或者光滑的程度是无法通过肉眼精确判断的,而且通过人眼对沥青路面形貌特征进行辨析受人的主观影响较大,沥青路面形貌特征表述的准确性受到限制。国内外学者为了准确对沥青路面形貌特征进行描述,提出或采用一些特征参数来表述沥青路面形貌特征。本书主要对表面纹理高度相关的特征参数、波长相关参数、凸出体形状相关参数及纹理综合分布相关参数这四类参数进行介绍。

1. 幅度相关参数数学表征

高度类参数是与沥青路面宏观纹理凸出体、微观纹理微凸体高度相关的参数,用来描述宏观构造凸出体、微观构造微凸体高度特性。微观构造对轮胎与路面黏着摩擦力分量和微切削分量影响明显。下面将对各高度特征参数的物理意义及算法进行描述。

沥青路面垂直方向上形貌参数包括 R_a,R_q 和 MPD。

1) 轮廓算术平均偏差 R_a

轮廓算术平均偏差 R_a 是取样范围内轮廓偏距绝对值的算术平均值,反映轮廓幅值信息,见图 8-3。轮廓算术平均偏差 R_a 计算简单,反映轮廓曲线幅值信息比较全面。研究人员在研究沥青路面形貌对抗滑性能的影响时,均将轮廓算术平均偏差 R_a 作为描述沥青路面形貌特征的参数。其计算方法如下:

$$R_a = \frac{1}{l} \int_0^l | y(x) | \, \mathrm{d}x \tag{8-1}$$

式中:$y(x)$ 为 x 处的轮廓偏距;l 为轮廓取样长度。

对离散轮廓曲线为

$$R_a = \frac{1}{N} \sum_{i=1}^{N} | y(x_i) | \tag{8-2}$$

式中:$y(x_i)$ 为 x_i 处的轮廓偏距;N 为轮廓曲线采样点数。

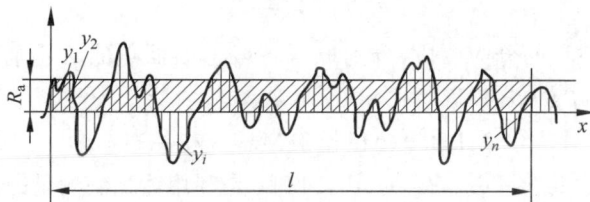

图 8-3 轮廓算术平均偏差

2) 轮廓均方根偏差 R_q

轮廓均方根偏差 R_q 是轮廓偏距的均方根值,轮廓均方根偏差 R_q 与轮廓算术平均偏差 R_a 属于同一类型的参数,只不过轮廓均方根偏差 R_q 对大的幅值有加权的效果,大的幅值对结果的影响程度较大。对于随机表面,R_q 是幅值分布的标准偏差。有研究认为 R_q 与沥青路面抗滑性能具有更好的相关性,轮廓均方根偏差 R_q 是表述沥青路面形貌特征的合理参数。其计算方法如下:

$$R_q = \sqrt{\frac{1}{l} \int_0^l y^2(x) \, \mathrm{d}x} \tag{8-3}$$

对离散轮廓曲线为

$$R_q = \sqrt{\frac{1}{N}\sum_{i=1}^{N} y^2(x_i)} \tag{8-4}$$

3）平均断面深度 MPD 和平均构造深度 MTD

MPD 是目前检测沥青路面宏观纹理常用的参数，其物理意义如图 8-4 所示。

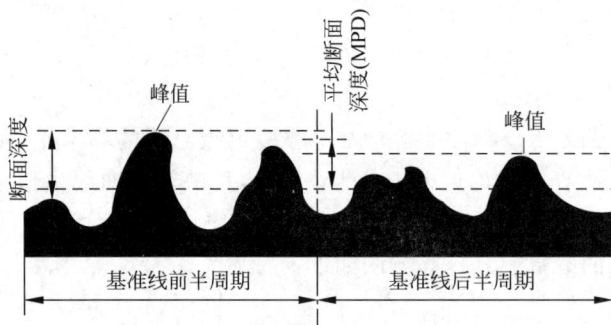

图 8-4　沥青路面平均断面深度

其计算步骤如下：

（1）断面轮廓线中选取 100mm 长的基准线，计算 100mm 长的基准线上的所有点 Z 坐标的均值 avg 为

$$\mathrm{avg} = \frac{1}{n}\sum_{i=1}^{n} Z_i \tag{8-5}$$

（2）将基准线对称的分为两段，分别取得各段上断面点的 Z 坐标值的最大值 Max_1 和 Max_2，则该测量位置 MPD 可由式(8-6)计算：

$$\mathrm{MPD} = (\mathrm{Max}_1 + \mathrm{Max}_2)/2 - \mathrm{avg} \tag{8-6}$$

平均构造深度（Mean Texture Depth，MTD）是利用体积法测量的用来描述宏观构造深度的一个特征参数。这里用铺砂法为例说明平均构造的计算方法。将规定体积 V 的砂子放置于路面测量点，将砂子在路面上尽量均匀展开成一个圆形面积 S，则 MTD 可通过下式求出：

$$\mathrm{MTD} = \frac{V}{S} \tag{8-7}$$

考虑路面试样的面积较小时，不适合用铺砂法测量试样的 MTD，而采用激光三角法测量路面试样宏观构造的二维轮廓曲线。为了获取路面试样的 MTD，根据铺砂法原理利用二维轮廓曲线估计出测量路面试样的 MTD，为了表示与用铺砂法测得的平均构造深度 MTD 的区别，将其记为估计平均构造深度（Evaluation Mean Texture Depth，EMTD）。其计算方法如下：

$$\text{EMTD} = \frac{1}{l} \int_0^l \left[y_p(x) - y(x) \right] \mathrm{d}x \tag{8-8}$$

式中：$y_p(x)$ 为二维轮廓曲线的峰顶线；$y(x)$ 为二维轮廓曲线；l 为二维轮廓曲线长度。
对离散轮廓曲线，其计算公式如下：

$$\text{EMTD} = \frac{1}{N} \sum_{i=1}^N \left[y_p(x_i) - y(x_i) \right] \tag{8-9}$$

式中：N 为轮廓曲线采样点数。式(8-9)是在等间距采样条件下求得。

如图 8-5 所示，EMTD 的计算与铺砂法求平均构造深度 MTD 的原理完全一致。
峰顶线实际是铺砂法中铺砂表面，峰顶线与轮廓曲线间的空间是砂子填充宏观构造的
区域。

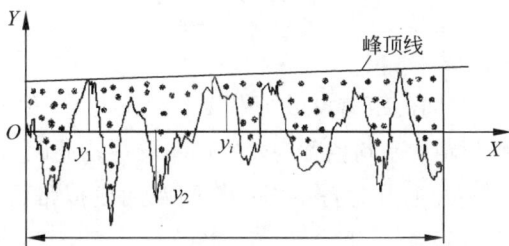

图 8-5　估计平均构造深度 EMTD 示意图

2. 间距相关参数数学表征

沥青路面宏观构造凸出体的间距，对沥青路面排水性能、轮胎与路面间积水的排泄能
力、轮胎的弹性变形滞后能量损失有较大的影响；微观构造微凸体间距，对轮胎与路面间
的黏着摩擦力、微切削摩擦力有较大影响。因此，在研究沥青路面形貌对抗滑性能的影响
时，有必要对沥青路面宏观构造凸出体、微观构造凸出体间距特性用合理的特征参数进行
描述。下面将对这类参数的意义和算法进行介绍。

1) 轮廓算术平均波长 λ_a

轮廓算术平均波长 λ_a 是轮廓算术平均偏差 R_a 与轮廓算术平均斜率 Δ_a 的比值和 2π
的乘积，该参数考虑了轮廓曲线所有单峰和单谷的相对幅度及各自空间频率的间距度量。
其计算方法如下：

$$\lambda_a = 2\pi \frac{R_a}{\Delta_a} \tag{8-10}$$

式中：Δ_a 由下述公式计算得到：

$$\Delta_a = \frac{1}{n} \sum_{i=1}^n \left| \frac{\Delta y}{\Delta x} \right| \tag{8-11}$$

式中：Δx，Δy 为沥青路面断面水平坐标，$\Delta y = y_{i+1} - y_i$；$\Delta x = x_{i+1} - x_i$。

2）轮廓均方根波长 λ_q

轮廓算术平均波长 λ_q 是轮廓均方根偏差 R_q 与轮廓均方根斜率 Δ_q 的比值和 2π 的乘积，其与轮廓算术平均波长 λ_a 是同一类参数，只是计算方法不同。Murat 通过试验研究发现轮廓算术平均波长 λ_a、轮廓均方根波长 λ_q 与沥青路面抗滑性能有着紧密联系。

$$\lambda_q = 2\pi \frac{R_q}{\Delta_q} \tag{8-12}$$

式中：Δ_q 为沥青路面断面坡度的均方根，由下述方式计算得到：

$$\Delta_q = \sqrt{\frac{1}{n} \sum_{i=1}^{n} \left(\frac{\Delta y}{\Delta x}\right)^2} \tag{8-13}$$

3）轮廓单峰平均间距 S

两相邻单峰的最高点之间的距离投影在中线上的长度 S_i 称为轮廓的单峰间距。在取样长度内，轮廓的单峰间距的平均值称为轮廓的单峰平均间距 S，是反映轮廓横向间距特性的参数，见图 8-6。FWA 通过制备不同单峰间距的模拟路面，研究了宏观构造间距对抗滑性能的影响。其计算公式如下：

$$S = \frac{1}{N} \sum_{i=1}^{N} S_i \tag{8-14}$$

含有一个轮廓峰和相邻轮廓谷的一段中线长度 S_{mi} 称为轮廓微观不平度间距。在取样长度内轮廓微观不平度间距的平均值称为轮廓微观不平度平均间距 S_m，见图 8-7。轮廓微观不平度的平均间距 S_m 与轮廓单峰平均间距 S 是同一类参数，但轮廓微观不平度的平均间距 S_m 计算时需辨识完整轮廓峰和轮廓谷，在实践中强调完整轮廓峰和轮廓谷的辨识是无实际意义的。因为轮胎与路面接触，路面宏观构造与微观构造实际上是通过单峰对轮胎起作用的。在本书研究中，轮廓微观不平度的平均间距 S_m 将不记入沥青路面形貌特征描述的参数。

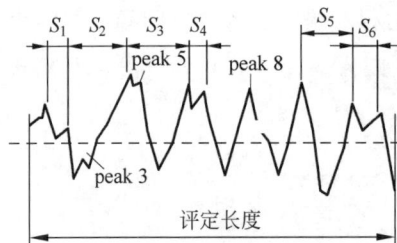

图 8-6　轮廓单峰平均间距　　　　　　图 8-7　轮廓微观不平度的平均间距

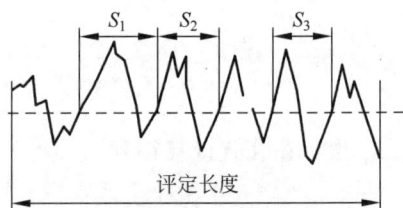

3. 形状相关参数数学表征

沥青路面宏观构造凸出体的形状对轮胎与潮湿沥青路面间弹性流体动力润滑有一定影响。沥青路面较尖锐的微凸体与胎面橡胶发生微切削摩擦,较圆钝的微凸体与胎面橡胶发生黏着摩擦,可见微观构造微凸体的形状决定胎面橡胶与微观构造微凸体发生的摩擦类型,从而影响轮胎与路面间的摩擦力。另外,就算轮廓曲线具有相同的高度和横向间距,由于轮廓曲线在峰和谷之间的形状不同,表面也可能具有不同的摩擦特性,如图 8-8 所示。由上述分析可知,研究形状相关特征参数,对沥青路面宏观构造凸出体与微观构造微凸体的形状特征进行描述是非常必要的。

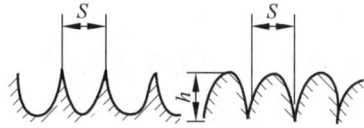

图 8-8　高度和间距相同,形状不同的轮廓曲线

1) 轮廓峰顶夹角半角 α 和轮廓峰顶连线与水平方向的夹角 θ

M. T. Do 等在研究沥青路面磨光对抗滑性能的影响时,采用轮廓峰顶夹角半角 α 和轮廓峰顶连线与水平方向的夹角 θ 两个参数(图 8-9)来描述路面磨光后微观纹理的变化。通过试验发现,沥青路面的抗滑性能与轮廓峰顶夹角半角 α 和轮廓峰顶连线与水平方向的夹角 θ 两个参数密切相关。因此本书在研究沥青路面形貌对抗滑性能的影响时,引入这两个参数对微观构造微凸体的形状特征进行描述,并尝试用这两个参数对宏观构造凸出体的形状特性进行描述。

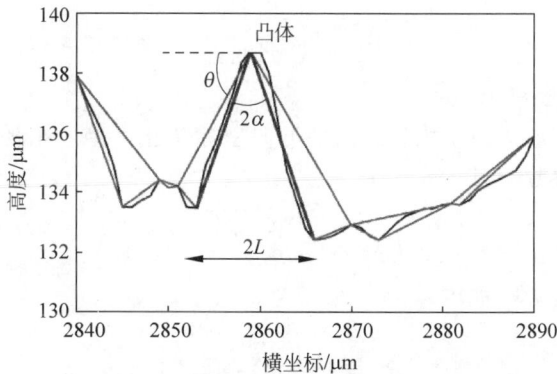

图 8-9　沥青路面微观形貌峰值夹角

轮廓峰顶夹角半角 α 的计算方法如下:

$$\alpha = \frac{1}{2}\left[\arctan\left|\frac{x_i - x_{i-1}}{y_i - y_{i-1}}\right| + \arctan\left|\frac{x_{i+1} - x_i}{y_{i+1} - y_i}\right|\right] \quad (i = 2, 3, \cdots, n) \quad (8\text{-}15)$$

式中:x_i 为第 i 个极值点在 X 坐标轴上的值,当第 i 点处为峰顶时,第 $i-1$ 点处和第 $i+1$

点处为谷底；y_i 为第 i 个极值点高度方向上的值。

轮廓峰顶连线与水平方向的夹角 θ 计算方法如下：

$$\theta = \arctan \left| \frac{y_{j+1} - y_j}{x_{j+1} - x_j} \right| \quad (j = 1, 2, \cdots, n) \tag{8-16}$$

式中：x_j 为第 j 个峰顶在 X 坐标轴上的值；y_j 为第 j 个峰顶在高度方向的值。

2）轮廓峰顶平均曲率 K

轮廓峰顶平均曲率 K 为取样范围内轮廓峰顶曲率的平均值，反映轮廓峰的尖锐程度。因此，轮廓峰顶平均曲率 K 能够反映沥青路面微观构造微凸体与宏观构造凸出体顶部的尖锐程度，可以用来描述沥青路面形貌特征。其计算公式为

$$K = \frac{|y_{xx}|}{(1 + y_x^2)^{\frac{3}{2}}} \Bigg|_{\text{peak}} \tag{8-17}$$

3）轮廓算术平均斜率 Δ_{a}

轮廓算术平均斜率 Δ_{a} 是取样范围内轮廓高度方向坐标变化率绝对值的算术平均值，它能反映轮廓峰和谷的形状特征。其计算式为

$$\Delta_{\mathrm{a}} = \frac{1}{l} \int_0^l \left| \frac{\mathrm{d}y}{\mathrm{d}x} \right| \mathrm{d}x \tag{8-18}$$

式中：$\dfrac{\mathrm{d}y}{\mathrm{d}x}$ 为轮廓曲线的瞬时斜率。

离散轮廓曲线的计算方法如下：

$$\Delta_{\mathrm{a}} = \frac{1}{N} \sum_{i=1}^{N} \left| \frac{\Delta y_i}{\Delta x_i} \right| \tag{8-19}$$

4）轮廓均方根斜率

轮廓均方根斜率取样范围内轮廓高度方向坐标变化率绝对值的均方根，轮廓算术平均斜率属于同类型参数。其计算式为

$$R_{\mathrm{q}} = \sqrt{\frac{1}{l} \int_0^l y^2(x) \mathrm{d}x} \tag{8-20}$$

离散轮廓曲线的计算方法如下：

$$R_{\mathrm{q}} = \sqrt{\frac{1}{N} \sum_{i=1}^{N} y^2(x_i)} \tag{8-21}$$

4. 综合参数数学表征

综合类特征参数并不单纯反映轮廓幅值、间距或形状信息，它还反映轮廓幅值的分布特点或轮廓整体特征。沥青路面整体形貌的分布特点和整体特征都会对抗滑性能参数产生影响，本书将这类参数用于描述沥青路面形貌整体特征。

1) 偏斜度 R_{sk}

轮廓幅值概率密度函数曲线的偏斜度是幅度分布不对称的度量,受离散的峰或离散的谷的影响很大。在取样范围内以轮廓偏距三次方的平均值来确定,计算公式为

$$R_{sk} = \frac{1}{R_q^3} \cdot \frac{1}{N} \sum_{i=1}^{N} y^3(x_i) \tag{8-22}$$

R_{sk} 表达轮廓对基准线的对称性。R_{sk} 值为零,表示轮廓以基准线对称分布;R_{sk} 小于零,表示轮廓峰圆滑、宽平而轮廓谷尖锐、狭窄;R_{sk} 大于零,表示轮廓峰尖锐而轮廓谷宽平。R_{sk} 能区分各表面轮廓形状,也能反映表面支承能力,如图 8-10 所示。

2) 陡峭度 R_{ku}

轮廓幅值概率密度函数曲线陡峭度是反映幅度分布曲线陡峭程度的量度,在取样范围以轮廓偏距的四次方的平均值确定。计算公式为

$$R_{ku} = \frac{1}{R_q^4} \cdot \frac{1}{N} \sum_{i=1}^{N} y^4(x_i) \tag{8-23}$$

理想随机表面陡峭度 R_{ku} 值为 3;幅度分布平缓的轮廓 R_{ku} 值小于 3;幅度分布陡峭的轮廓 R_{ku} 值大于 3,见图 8-11。

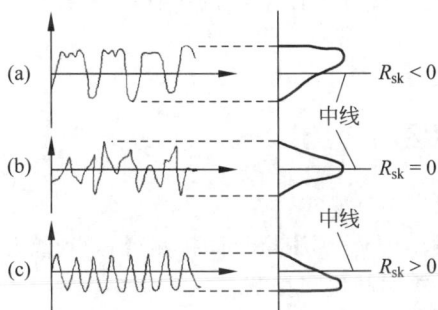

图 8-10 不同轮廓的偏斜度

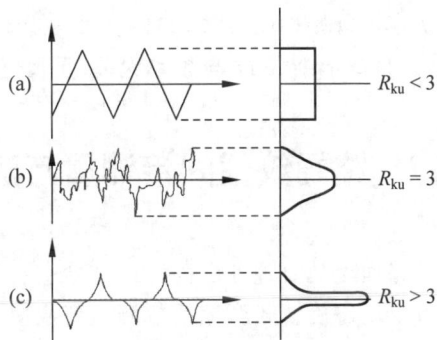

图 8-11 不同轮廓的陡峭度

3) 分形维数

沥青路面表面呈现出随机性、无序性和多尺度性。在光学显微镜下,如图 8-11 所示,表面轮廓永远都是不光滑的,在任何点均不存在切线,所以轮廓函数是处处不可微的。另外,当表面轮廓被放大时,放大后的表面和原始表面的概率分布非常相似,呈现出相似性或自仿射性,因此采用分形理论来处理路面是合理的、有效的。

在分形几何学中 Weierstrass-Mandelbrot 函数(W-M 函数)具有可微性和自仿射性,广泛用于分形几何的研究,因此用 W-M 函数来表征沥青路面的微观轮廓。

W-M 函数的数学表示式为

$$f(x) = \sum_{n}^{+\infty} \frac{1 - \cos r^n x}{r^{(2-D)n}} \tag{8-24}$$

分形维数 D 与表面微观形貌的幅值变化的剧烈程度有关，D 值越大表面微观细节越丰富；D 值越小表面则相对平缓，低频成分多。对于二维界面轮廓而言，$1 < D < 2$。

通过对 W-M 函数中引入多个变量来描述三维随机过程，从而得到极坐标系中三维粗糙表面的高度分布函数，即 Ausloo-Berman 函数。

$$z(x,y) = L\left(\frac{G}{L}\right)^{D-2}\left(\frac{\ln\gamma}{M}\right)^{1/2}\sum_{m=1}^{M}\sum_{n=0}^{n}\gamma^{(D-3)} \times$$

$$\left\{\cos\phi_{m,n} - \cos\left[\frac{2\pi\gamma^n(x^2+y^2)^{1/2}}{L}\cos\left(\arctan\left(\frac{\gamma}{x}\right) - \frac{\pi m}{M}\right) + \phi_{m,n}\right]\right\} \tag{8-25}$$

式中：x,y 是表面上高度为 z 的一点的平面直角坐标；$D(2 < D < 3)$ 是表面的分形维数；G 是高度比例参数，也称为分形粗糙度；γ 是与表面轮廓频谱密度相关的参数；M 表示重构表面时的叠加的峰值数量；ϕ 是在 $[0\text{-}1]$ 范围内均匀分布的随机相位，L 是取样长度。

利用分形维数 D 来表达沥青路面所具有的复杂结构以及这些结构的微观程度。分形维数 D 越大，表面中非规则的结构就越多，并且结构越精细。分形几何中，分形维数 D 是决定不规则性的参数，它的大小不影响不规则，它与分形维数之间不存在数学上的联系，并且分形维数 D 与频率无关，是尺度独立的。

8.2 路面纹理间接测量方法与仪器

路面宏观纹理参数可以由铺砂法、环道计法和激光轮廓测量仪间接测得，微观纹理参数可由动态旋转式摩擦系数测试仪或摆式摩擦系数测试仪间接测量。

8.2.1 路面宏观形貌测定

1. 铺砂法

铺砂法（sand patch method，SPM）是常用的评价路面表面宏观构造的体积测量方法。操作者将一定体积的砂在路面表面平摊成圆形，测出所摊圆形的直径，如图 8-12 所示。将砂的体积与圆形面积相比，计算出路面平均构造深度（MTD），如式（8-26）所示：

$$\text{MTD} = \frac{4V}{\pi D^2} \tag{8-26}$$

式中：MTD 为路面平均构造深度，mm；V 为砂的体积，mm^3；D 为摊平砂的平均直径,mm。

铺砂法的优点是操作十分简单,所需的设备也非常有限,耗费低。不足之处是重复性较差、耗时,且需要封闭交通。此外,铺沙法的最大限制是并未覆盖全部宏观纹理尺度范围。

2. 环道计法

环道计法(circular track meter,CTM)属于非接触式的激光测量方法,用于分析路面的宏观纹理,见图 8-13。旋转臂上装有电荷耦合器件激光断面仪,由直流电动马达驱动旋转臂在路表面扫描出直径为 284mm 的圆形。测试结束后,由随机自带的计算软件将数据均分为 8 段,分别计算每段的 MPD 值及其均方根(RMS)值。此外,CTM 还可以通过对测量数据进行离散傅里叶变换,给出路面表面纹理谱的分布。

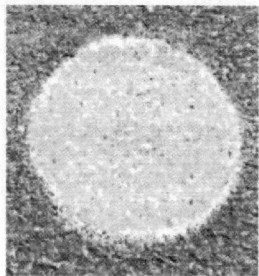

图 8-12　铺砂法

图 8-13　环道计法

CTM 测量精度高,可以得到较准确的路面宏观纹理指标,包括 MPD、RMS 等;也可以与 DFTester 一起确定出 IFI(International Friction Index)值。此外,CTM 属于无损检测,对测量路面没有任何损害。不过,CTM 的价格多少限制了该测量方法的广泛推广,而且室内检测时,CTM 要求试件的最小尺寸需大于 600mm×600mm。

3. 激光轮廓测量仪

20 世纪 60 年代开始,轮廓测量仪就被应用于道路和机场路面表面特征的研究中。随着路面管理对道路结构和功能性评价需求的增大,轮廓检测法,尤其是高速轮廓检测法得到了快速发展,目前已经被广泛用于路面的综合评价,最常见的是用于测量路面不平整度。大部分的轮廓测量仪都是基于激光传感器技术的,基于激光测试技术的路表轮廓可以更有效地量化路面的纹理特征。

根据国际标准化组织(ISO)的规定,激光断面仪可以分为移动断面仪和静态断面仪,如表 8-1 所示。其中,移动断面仪是指安装在测试车上,可以高速测量路面表面轮廓的非接触式测量仪器;而静态断面仪也是非接触式,但是测量仪器本身是静止的,既可以用在现场,也可以在室内使用。

表 8-1　激光断面仪分类

分　类	快速测量	慢速测量
移动断面仪	运行速度≥60km/h	运行速度＜60km/h
静态断面仪	每车道单次测量时间＜1min	每车道单次测量时间≥1min

其中，车载激光断面仪如图 8-14 所示，最大测试行驶速度为 110km/h。测试系统由激光传感器、加速度传感器以及惯性运动传感器组成。激光传感器分别位于左右两侧轮胎行驶轮迹带处，技术参数如表 8-2 所示，可以测得传感器位置与其下路面表面间的垂向距离，随着车辆的运行可以得到激光传感器所测的整条轮迹带的不平整断面；其中包含了车辆行驶过程中垂向振动造成的影响，为消除此部分的

图 8-14　车载激光断面仪

影响，测试车左右两侧各装有加速度传感器，通过对加速度传感器所记录的数据进行两次积分，可得车辆振动的垂向位移，扣除车辆本身振动所致的垂向位移，即可得两侧轮迹处的路面纹理深度；此外，惯性运动传感器主要用于测试车辆水平纵向、水平横向和竖向的角度。

表 8-2　车载激光断面仪中激光传感器技术参数

绝对精度	0.2%
分辨率	0.05mm
量程	±100mm
采样频率	16kHz
采样间隔	2.34mm

车载激光传感器的操作规程依据 JTG E60—2008，所带分析软件可实时计算出所测路面的测量纹理深度（Sensor Measured Texture Depth，SMTD）值。激光传感器每隔 2.34mm 采集一次数据，每 128 个数据（约 0.3m）通过二次最小平方回归方法算得一个 SMTD 值。

测试结果输出为左右两侧轮迹带上的纹理深度 SMTD 值。

静态激光轮廓测量仪（SLP）的操作标准遵守 ISO 规范中的相关要求，并根据 ISO/TS 13473-4—2008 进行数据处理，可得所测表面轮廓曲线，进而可计算得到 MPD、RMS 等常用纹理表征指标；此外，对表面轮廓数据进行离散傅里叶变换，可以计算得到功率谱密度（PSD）和纹理水平（TL）分布等指标，其中，PSD 是信号强度随频率分布的数学表征，基于信号处理技术的谱分析方法可以量化表征路面表面微凸体的分布。

8.2.2 路面微观纹理测定

1. 动态旋转式摩擦系数测试仪

动态旋转式摩擦系数测试仪（dynamic friction tester，DFTester）的主要部件是一个与路面表面相接触的转盘，有三个橡胶滑块均匀地安装在转盘下表面上。测量时，转盘首先悬空加速至一定速度，通常是 80km/h，然后下放转盘，使得橡胶滑块与路面表面相接触，在摩擦力作用下，转盘慢慢减速至停止转动。DFT 可以记录整个过程中橡胶滑块的旋转速度、转动力矩和垂向荷载，并绘制出摩擦系数随旋转速度的变化曲线。试验仪器如图 8-15 所示。

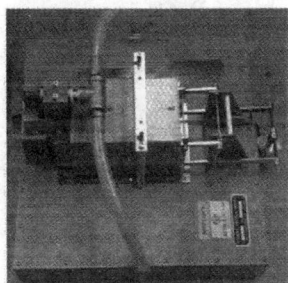

(a) DFTester顶部   (b) DFTester底部

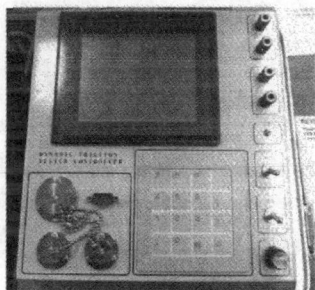

(c) DFTester控制模件

图 8-15 动态旋转式摩擦系数测试仪（DFTester）

DFTester 既可以用于室外现场测试（需要交通控制），也可以用于室内测试（需要车辙板试件），而且携带较为方便。相较于大型足尺测试车而言，DFTester 的价格也并不是特别昂贵。此外，DFTester 的测试结果可以表明速度对路面摩擦系数的影响，这也是DFTester 被广泛应用的主要原因。

2. 摆式摩擦系数测定仪

摆式摩擦系数测定仪（British Pendulum Tester，BPT）简称摆式仪，是最早测量路表抗滑性能的仪器，相关研究始于 20 世纪 60 年代。对于微观纹理，常用摆式摩擦仪作为间接测量的设备，如图 8-16 所示。摆式摩擦仪测量滑移速度约 10km/h 的路面摩擦系数，而在低速情况下，沥青路面的抗滑性能主要受由路面微观纹理的影响，因此摆式摩擦仪测得的摆值能间接反映路面微观纹理的优劣。

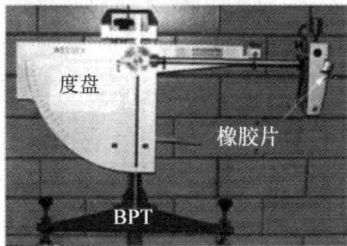

图 8-16　摆式摩擦系数测定仪

摆式仪的摆臂底端装有橡胶片，摆从固定的右侧悬臂上释放，带动指针一起摆动。橡胶片在路面上滑过一定长度后，指针停于左侧度盘某一刻度处。

摆式仪可用于现场测量和室内测量，测量试件可以是旋转压实试件也可以是现场取芯样。但摆式仪的摩擦机理与行驶轮胎与实际路面的摩擦机理并不一致，且测量结果过于依赖操作者，同一路面点的摆值常因操作者的不同而异。尽管摆式仪自身有不可避免的不足，但由于其携带非常方便，且价格低廉，BPT 可用于精度要求不高的路面微观纹理测量中。

8.3　路面纹理直接测量理论与方法

路面纹理的间接测量法大都具有测试设备成本低、操作简单及同时适用于实验室和现场检测的优点，因此在实际工程中还有较为广泛的应用。但其测试效率低、试验重复性差、不能形象直观地反映路面形貌特点，限制了其进一步的发展。表面检测技术的快速发展丰富了沥青路面纹理测量的手段，为沥青路面纹理的测量提供了较好的理论基础，路面纹理直接测量方法及设备大量涌现。这些方法能够直接获取路面的二维或三维形貌，测试结果直观形象，方便进一步形貌参数的提取与计算，具有间接测量法无法比拟的优势。

8.3.1　基于光度立体视觉原理的纹理测定方法

光度立体视觉法是常用于恢复物体三维形貌的方法之一，该方法最早是在 20 世纪 80 年代由 Woodham 提出的。如图 8-17 所示，在经典的光度立体视觉法中相机位置即观测点是固定的，利用从三个不同方向的光源照射物体表面，从而在物体表面形成不同光亮程度的图像数据，接着利用相机采集三组图像的数据。由于材质相同的物体表面一点上的光照亮度随着光照方向不同而呈现出的亮度各不相同,而且二者之间存在一定的线性关系。因此,通过分析该方法获取的三组图像中各点的亮度与光照变化之间的对应关系,就能获取到物体表面法向,从而恢复出物体表面各点的深度信息。

在实际应用中,光度立体视觉法具有操作简便、设备价格低廉、处理方式简洁、无须定标以及特征点匹配等优点,并且因其具有重建精度高、细节效果明显、算法较易实现以及三维重建周期短等优点,使得光度立体视觉法得到了极大的推崇和发展,并在实践应用中证明了其良好的实用性。

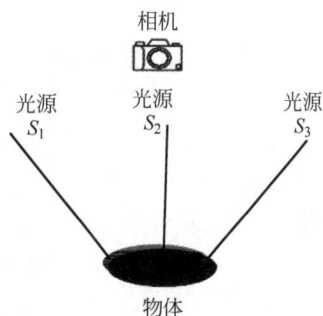

图 8-17 经典光度立体视觉法

8.3.2 基于激光三角法测量原理的纹理测定方法

激光三角法是将待测物体与光源及接收系统摆放成三个点,构成三角形光路,也称之为三角测距法。激光三角法按入射光源光线与被检测物体表面法线的关系可分为斜射式和直射式,如图 8-18(a)和(b)所示。由于斜射式入射光束与接收装置光轴夹角过大,对于曲面物体产生遮光现象变得更为突出,因此适合于检测表面接近镜面的物体特征参数。直射式三角法主要适用于散射和漫反射为主的粗糙物体,直射法光斑小,不会因被测面不垂直而扩大光照面上的亮度,可解决柔软材料及粗糙工件表面形状多变的难题,对高速公路粗糙的路面有较强的适用性,主要用于对沥青路面平整度和纹理的检测。

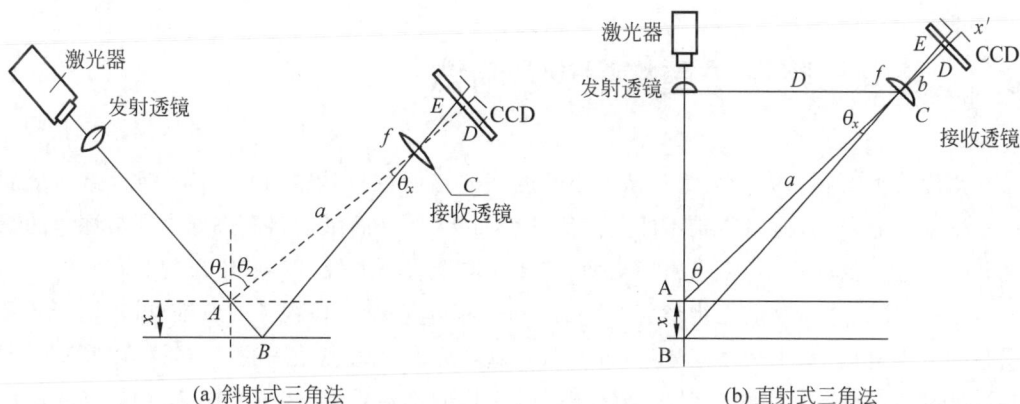

(a) 斜射式三角法   (b) 直射式三角法

图 8-18 激光三角法测量原理

8.3.3 基于聚焦深度理论的纹理测定方法

激光聚焦跟踪法检测路面纹理的原理：通过机械驱动镜头跟随聚焦点，利用配合相应的位移测量机构得到镜头的位移，从而得到纹理高度变化结果。激光聚焦跟踪法检测表面形貌的原理见图 8-19。

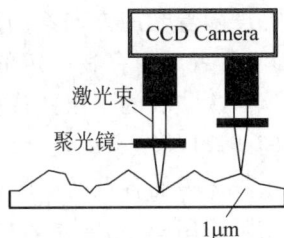

图 8-19　激光聚焦跟踪法测量原理

8.3.4 基于反射式光纤位移传感器法的纹理检测方法

反射式光纤位移传感器工作原理如图 8-20 所示。光源发出的光进入发送光纤，从光纤侧头端面射出，照射到反射镜面 Ar 上，Ar 的反射光有一部分进入接收光纤，当 Ar 到测头端面之间的距离 Z 发生变化时，进入接收光纤的光强度也随 Z 发生变化，从而使光探测器上发出的电信导也随 Z 发生变化。

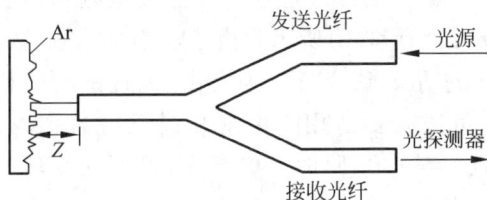

图 8-20　反射式光纤位移传感器工作原理

8.4 路面形貌三维重构理论及方法

路面纹理的测量方法大都是从二维角度获取路面纹理构造，由于实际沥青路面形貌是三维空间分布的，所以二维不能全面反映表面状况，进而影响路面纹理表征与评价的精度和真实性。因此，为了力求精确全面，需要获取沥青路面纹理的三维形貌。

目前，沥青路面纹理三维形貌的重构方法主要有基于立体视觉的三维重构、基于图像明暗的三维重构、基于运动恢复形状的重构、基于光度立体视觉法的三维重构以及基于聚焦深度图的三维重构。将各种方法实现三维重构的难易程度、速度快慢、重构精度和使用范围进行对比，如表 8-3 所示。

表 8-3　形貌重构方法对比表

重构方法	难易程度	重构速度	重构精度	适应范围
基于立体视觉	算法复杂,较难实现	时间长	精度高	难点在匹配,适用于纹理适中的物体表面
基于图像明暗	算法难度适中	短	精度不高	适应于漫反射表面
基于运动恢复形状	算法复杂,较难实现	时间长	精度不高	难点在匹配,匹配好坏精度
基于光度立体视觉法	较易实现	短	精度不高	适应于漫反射表面
基于聚焦深度图	实现适中	时间长	精度高	显微图像

8.4.1　基于立体视觉的三维重构

1. 三维重构原理

立体视觉法是通过两个或两个以上的相机对同一目标点进行拍摄,从而根据同一物体在不同视觉下的视差关系来确定其空间位置。如图 8-21 所示,左右两相机型号规格一样,竖向平行安置。计算机控制左右两相机同时捕获到含有沥青路面信息的图像对。通过两个像点的匹配就可以确定唯一的点的空间位置,同样依此可以确定其他点的坐标,这样,目标物体的三维空间位置就可以确定。

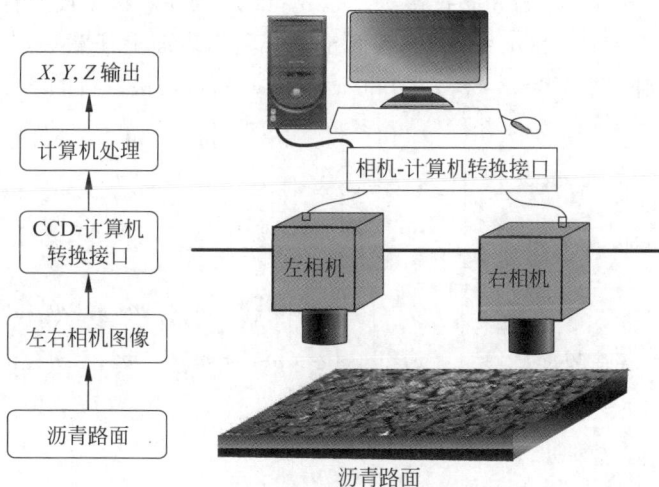

图 8-21　双目视觉三维重构系统

2. 数学模型

根据双目视觉原理,沥青路面微观纹理三维重构模型如图 8-22 所示。以测量平台中心为原点,建立世界坐标系 $O\text{-}XYZ$,以左右相机光心 O_l 和 O_r 为相机坐标系原点,Z 轴

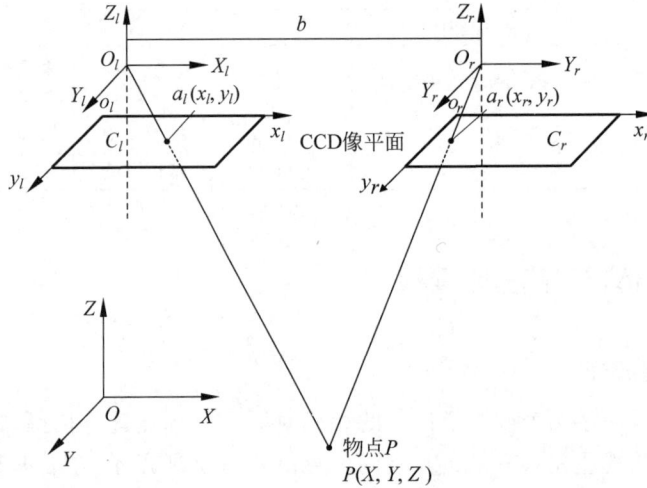

图 8-22 双目视觉三维重构模型

与光轴重合,两光轴相互平行,建立左右相机坐标系 $O_l\text{-}X_lY_lZ_l$ 和 $O_r\text{-}X_rY_rZ_r$。C_l 和 C_r 为左右像平面,o_l 和 o_r 为光心投影点。以 o_l 和 o_r 为左右像平面坐标系原点,建立左右像平面坐标系 $o_l\text{-}x_ly_l$ 和 $o_r\text{-}x_ry_r$。现假定沥青路面表面上任意一点 $P(X,Y,Z)$,其在左右像平面的对应坐标为 $a_l(x_l,y_l)$ 和 $a_r(x_r,y_r)$,根据摄像机的透视成像原理有

$$Z_{cl}\begin{bmatrix} x_l \\ y_l \\ 1 \end{bmatrix} = \boldsymbol{M}_1^l\boldsymbol{M}_2^l\begin{bmatrix} X \\ Y \\ Z \\ 1 \end{bmatrix} = \boldsymbol{M}^l\begin{bmatrix} X \\ Y \\ Z \\ 1 \end{bmatrix} = \begin{bmatrix} m_{11}^l & m_{12}^l & m_{12}^l & m_{14}^l \\ m_{21}^l & m_{22}^l & m_{23}^l & m_{24}^l \\ m_{31}^l & m_{32}^l & m_{33}^l & m_{34}^l \end{bmatrix}\begin{bmatrix} X \\ Y \\ Z \\ 1 \end{bmatrix} \tag{8-27}$$

$$Z_{cr}\begin{bmatrix} x_r \\ y_r \\ 1 \end{bmatrix} = \boldsymbol{M}_1^r\boldsymbol{M}_2^r\begin{bmatrix} X \\ Y \\ Z \\ 1 \end{bmatrix} = \boldsymbol{M}^r\begin{bmatrix} X \\ Y \\ Z \\ 1 \end{bmatrix} = \begin{bmatrix} m_{11}^r & m_{12}^r & m_{12}^r & m_{14}^r \\ m_{21}^r & m_{22}^r & m_{23}^r & m_{24}^r \\ m_{31}^r & m_{32}^r & m_{33}^r & m_{34}^r \end{bmatrix}\begin{bmatrix} X \\ Y \\ Z \\ 1 \end{bmatrix} \tag{8-28}$$

式中:$\begin{bmatrix} x_l \\ y_l \\ 1 \end{bmatrix}$ 为左像平面某点的二维平面坐标;$\boldsymbol{M}_1^l$ 和 $\boldsymbol{M}_2^l$ 分别为左相机内外参数矩阵;

M^l 为左相机投影矩阵；$\begin{bmatrix} x_r \\ y_r \\ 1 \end{bmatrix}$ 为右像平面某点的二维平面坐标；M_1^r 和 M_2^r 分别为右相

机内外参数矩阵，M^r 为右相机投影矩阵，摄像机内外参数坐标可通过直接线性变换法（DLT）标定得到。

由式(8-27)和式(8-28)可求得系统内任意一点的空间三维坐标 $P(X,Y,Z)$ 为

$$\begin{bmatrix} x_l m_{31}^l - m_{11}^l & x_l m_{32}^l - m_{12}^l & x_l m_{33}^l - m_{13}^l \\ y_l m_{31}^l - m_{21}^l & y_l m_{32}^l - m_{22}^l & v_1 m_{33}^l - m_{23}^l \\ x_r m_{31}^r - m_{11}^r & x_r m_{32}^r - m_{12}^r & x_r m_{33}^r - m_{13}^r \\ y_r m_{31}^r - m_{21}^r & y_r m_{32}^r - m_{12}^r & y_r m_{33}^r - m_{23}^r \end{bmatrix} \begin{bmatrix} X \\ Y \\ Z \end{bmatrix} = \begin{bmatrix} m_{14}^l - x_l m_{34}^l \\ m_{24}^l - y_l m_{34}^l \\ m_{14}^r - x_r m_{34}^r \\ m_{24}^r - y_r m_{34}^r \end{bmatrix} \qquad (8\text{-}29)$$

由式(8-29)可知，只需要求出左右图像像平面坐标 x_l,y_l 和 x_r,y_r，利用最小二乘法即可以解算出三维空间坐标 X,Y,Z。

由于在立体视觉中左右两像点需要匹配，所以匹配是立体视觉中最重要的一部分，匹配算法的优劣直接影响重构结果的精准性。目前匹配算法很多，算法都很复杂，操作中要根据实际情况确定相应的匹配算法，才能得到精确的结果。

8.4.2 基于聚焦深度图的三维重构

1. 重构原理

基于聚焦深度图方法的显微三维重构系统理论源于自动聚焦技术，是一种效率高、设备简单的三维方法。其基本思想是：通过单目显微镜沿(Z 轴)垂直物体表面方向层层扫描，得到序列图像，使序列图像覆盖物体在显微中的全部 Z 轴方向信息，并记录每幅图像初步的 Z 轴位置，如图 8-23 所示。由于序列图像中每幅图像存在聚焦清晰区域和聚焦模糊区域，运用一定融合规则获取每一像素所对应的聚焦清晰位置，从而重建出一幅每一景深部位均十分清晰的全焦图像。将获取序列图像的 Z 轴坐标作为这张图像中聚焦区域的中心高度，再通过聚焦分析和插值拟合，准确恢复出每一点的深度值，从而通过二维序列图像实现微观纹理三维形貌重建。

图 8-24 所示为序列显微图像融合基本原理。

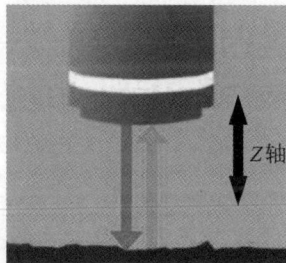

图 8-23 单目显微镜沿 Z 轴移动示意图

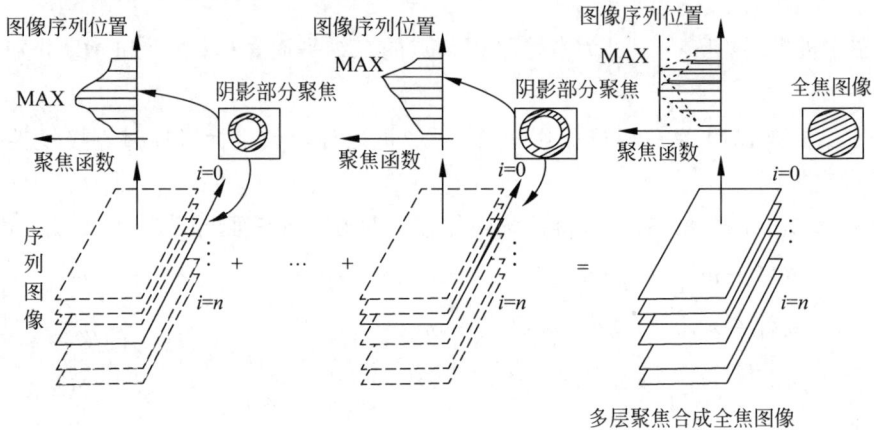

图 8-24　序列显微图像融合基本原理

2. 重构模型

要实现三维重构,必须建立像点与物点之间
的对应关系。基于小孔成像原理,物点、光心、像点三点共线,满足共线方程式:

$$
\begin{cases}
x - x_0 = -f \dfrac{a_1(X - X_s) + b_1(Y - Y_s) + c_1(Z - Z_s)}{a_3(X - X_s) + b_3(Y - Y_s) + c_3(Z - Z_s)} \\[3mm]
y - y_0 = -f \dfrac{a_2(X - X_s) + b_2(Y - Y_s) + c_2(Z - Z_s)}{a_3(X - X_s) + b_3(Y - Y_s) + c_3(Z - Z_s)}
\end{cases}
\tag{8-30}
$$

式中:x_0、y_0、f 为内方位元素;x、y 为像点的像平面坐标;X_s、Y_s、Z_s 为摄站点的物方
坐标;X、Y、Z 为像点所对应的物方空间坐标;a_i、b_i、c_i($i=1,2,3$)为外方位元素。

由式(8-30)可以演变成直线性变化法的式,该方法是建立像点的像平面坐标和相应
物点的物方空间坐标的解法:

$$
\begin{cases}
\tilde{x} + \dfrac{l_1 X + l_2 Y + l_3 Z + l_4}{l_9 X + l_{10} Y + l_{11} Z + 1} = 0 \\[3mm]
\tilde{y} + \dfrac{l_5 X + l_6 Y + l_7 Z + l_8}{l_9 X + l_{10} Y + l_{11} Z + 1} = 0
\end{cases}
\tag{8-31}
$$

对方程(8-31)变形,并考虑镜头畸变误差影响,可以解出 X、Y。

$$
X = \frac{\left\{\begin{array}{l}(l_2 l_7 - l_6 l_3) + (l_7 l_{10} - l_6 l_{11})\left[x + (x - x_0) r^2 k_1\right] + (l_2 l_{11} - l_3 l_{10})\left[y + (y - y_0) r^2 k_1\right] Z + \\ (l_2 l_8 - l_4 l_6) + (l_8 l_{10} - l_4 l_6)\left[x + (x - x_0) r^2 k_1\right] + (l_2 - l_4 l_{10})(y + (y - y_0) r^2 k_1)\end{array}\right\}}{\left\{(l_1 l_6 - l_2 l_5) + (l_6 l_9 - l_5 l_{10})\left[x + (x - x_0) r^2 k_1\right] + (l_1 l_{10} - l_2 l_9)\left[y + (y - y_0) r^2 k_1\right]\right\}}
$$

$$Y = \frac{\left\{\begin{matrix}(l_3 l_5 - l_1 l_7) + (l_5 l_{11} - l_7 l_9)\ [x + (x - x_0)\ r^2 k_1] + (l_3 l_9 - l_1 l_{11})\ [y + (y - y_0)\ r^2 k_1]\ Z + \\ (l_4 l_5 - l_1 l_8) + (l_5 - l_8 l_9)\ [x + (x - x_0)\ r^2 k_1] + (l_4 l_9 - l_1)\ (y + (y - y_0)\ r^2 k_1)\end{matrix}\right\}}{\{(l_1 l_6 - l_2 l_5) + (l_6 l_9 - l_5 l_{10})\ [x + (x - x_0)\ r^2 k_1] + (l_1 l_{10} - l_2 l_9)\ [y + (y - y_0)\ r^2 k_1]\}}$$

$$(8\text{-}32)$$

式中：$l_1, l_2, l_3, \cdots, l_{10}, l_{11}$ 为单目体视显微镜待标定参数，通过标定予以确定；k_1, k_2 为对称径向畸变系数；x_0, y_0 为内方位元素；$r = \sqrt{(x - x_0)^2 + (y - y_0)^2}$。

同时，基于聚焦深度图技术，可以通过序列图像处理，得到任一像点 (x, y) 处的深度信息 $\bar{d}$，由分析和推导，便可得到 Z 向空间坐标，即

$$Z = \bar{d} \tag{8-33}$$

式(8-32)与式(8-33)联立，可得只关于参数 $\bar{d}$ 的方程：

$$\begin{cases} X = f(\bar{d}) \\ Y = g(\bar{d}) \\ Z = k(\bar{d}) \end{cases} \tag{8-34}$$

根据式(8-34)，即可得到任一像点 (x, y) 对应的空间坐标 (X, Y, Z)，从而实现微观纹理的三维重构。

复习思考题

1. 试简述路面纹理的分类。
2. 试列举路面纹理直接测量方法及各个方法的区别。
3. 对比基于立体视觉与基于聚焦深度图的三维重构的两种方法的不同点。
4. 简述路面宏观与微观纹理的划分和检测方法。
5. 路面宏观形貌测量的方法有哪些？并分析各个方法的优劣。

第 9 章

路 面 应 力 测 量

9.1 概述

目前世界各国的路面设计方法,基本上可以分为两大类:一类是以使用经验或路试试验结果为依据的经验法;另一类是以弹性理论为基础并由试验确定计算参数的理论法。另一类方法所应用的计算理论,对水泥混凝土路面为弹性地基板理论,对柔性路面为弹性层状体系理论。

弹性地基板理论,按照不同的地基假设有不同的解答。一种是将地基假设为相互不联系的弹簧,这一假设由 E. Winkler 提出,通常称为 Winkler 地基。Winkler 地基上的弹性薄板在静载荷作用下所产生的应力和位移,最早由 H. Hertz 解出。后来 H. M. S. Wester-Gaard 将这一理论应用到水泥混凝土路面,求得车轮荷载作用于有限尺寸矩形混凝土路面板的板中、板边和板角时产生的应力和位移。这一理论结果至今为不少国家采用。

另一种假设是弹性半空间体地基假设。弹性半空间体地基上无限大弹性薄板在静荷载作用下产生的应力和位移,由 A. H. A. Hogg 求得解答。这一理论也被一些国家采用。

此外,还有双参数地基假设和相应的地基板解。

弹性层状体系是自下而上由若干弹性层和弹性半空间体组成的弹性体系,不少学者曾致力于求解其在荷载作用下的应力和位移,先后取得了结果。完成轴对称课题解的主要有松衬孙治、B. M. Bermister、L. Fox 等。完成水平荷载作用下弹性层状体系解的有牟歧鹿楼、R. L. Schiffman、R. A. Westmann 等。

为了使上述理论在工程中得到应用,一些研究者曾致力于这些理论解的数值计算。在弹性地基板解的数值计算方面,早期应用简单计算工具和机械计算机,将算得的结果编制成计算数表或诺模图,现在这种计算工作可以由电子计算机完成了。

弹性层状体系的应力-位移数值计算,由于表达式冗长复杂,仅当电子计算机使用之后才成为可能。起初这种计算采用手编程序,加之计算机容量小、运算速度慢,因此只有少数有条件的研究计算机构才能进行这种计算。在这段时间,对于这一工作做出贡献的有 B. M. Burmister、W. E. A. Aeum 等。

当快速大容量电子计算机问世后,上述计算已经不是太困难的事情了。

应用现代电算技术和力学理论,已经可以计算出各种有限尺寸乃至形状复杂的弹性地基板,以及任意多层的弹性体系、黏弹性体系的应力和位移。

9.2 路面应力测量理论

路面力学解析解是对所提课题采用力学理论和数学解析方法,推求出课题解的解析表达式,然后按给定条件和参数计算出解的相应数值。由于表达式复杂冗长并含有某些特殊函数,所以计算工作通常需要借助电子计算机来完成。在本书中只介绍弹性空间的一般解,对于弹性半空间体系解以及弹性双层体系解,读者可根据给出的一般解公式自行推导。

9.2.1 数学解析方法

弹性层状体系是由若干弹性层组成,各层有一定的厚度,最下一层为半无限体。解题时假设:各层接触条件或为完全连续,或为绝对光滑;各层在水平方向无限远处及最下一层无限深处,其应力、形变和位移均为 0;不计自重。

对于轴对称空间课题,根据弹性力学知,以柱坐标表示的平衡方程为

$$\begin{cases} \dfrac{\partial \sigma_r}{\partial r} + \dfrac{\partial \tau_{zr}}{\partial z} + \dfrac{\sigma_r - \sigma_\theta}{r} = 0 \\ \dfrac{\partial \sigma_z}{\partial z} + \dfrac{\partial \tau_{rz}}{\partial r} + \dfrac{\tau_{rz}}{r} = 0 \end{cases} \tag{9-1}$$

物理方程为

$$\begin{cases} \varepsilon_r = \dfrac{1}{E}\left[\sigma_r - \mu(\sigma_\theta + \sigma_z)\right] \\ \varepsilon_\theta = \dfrac{1}{E}\left[\sigma_\theta - \mu(\sigma_z + \sigma_r)\right] \\ \varepsilon_z = \dfrac{1}{E}\left[\sigma_z - \mu(\sigma_\theta + \sigma_r)\right] \\ \gamma_{rz} = \dfrac{2(1+\mu)}{E}\tau_{rz} \end{cases} \tag{9-2}$$

几何方程为

$$\varepsilon_r = -\frac{\partial u}{\partial r}; \quad \varepsilon_\theta = \frac{u}{r}; \quad \varepsilon_z = \frac{\partial \omega}{\partial z}; \quad \gamma_{rz} = \frac{\partial u}{\partial r} + \frac{\partial \omega}{\partial z} \tag{9-3}$$

变形连续方程为

$$\begin{cases} \nabla^2 \sigma_r - \frac{2}{r^2}(\sigma_r - \sigma_\theta) + \frac{1}{1+\mu} \times \frac{\partial^2 \infty}{\partial r^2} = 0 \\[2mm] \nabla^2 \sigma_\theta - \frac{2}{r^2}(\sigma_r - \sigma_\theta) + \frac{1}{1+\mu} \times \frac{\partial \infty}{\partial r} \frac{1}{r} = 0 \\[2mm] \nabla^2 \sigma_z + \frac{1}{1+\mu} \times \frac{\partial^2 \infty}{\partial z^2} = 0 \\[2mm] \nabla^2 \tau_{zr} - \frac{\tau_{zr}}{r^2} + \frac{1}{1+\mu} \times \frac{\partial^2 \infty}{\partial r \partial z} = 0 \end{cases} \tag{9-4}$$

式中：$\nabla^2 = \frac{\partial^2}{\partial r^2} + \frac{1}{r}\frac{\partial}{\partial r} + \frac{\partial^2}{\partial z^2}$；$\alpha = \sigma_r + \sigma_\theta + \sigma_z$；$\mu$ 为泊松系数。

如果引用应力函数 $\phi = \phi(r,z)$，并把应力分量表示成为

$$\begin{cases} \sigma_r = \frac{\partial}{\partial z}\left(\mu \nabla^2 \varphi - \frac{\partial^2 \varphi}{\partial r^2}\right) \\[2mm] \sigma_\theta = \frac{\partial}{\partial z}\left(\mu \nabla^2 \varphi - \frac{1}{r}\frac{\partial \varphi}{\partial r}\right) \\[2mm] \sigma_z = \frac{\partial}{\partial z}\left(\mu \nabla^2 (2-\mu) - \frac{\partial^2 \varphi}{\partial z^2}\right) \\[2mm] \tau_{zr} = \tau_{rz} = \frac{\partial}{\partial r}\left((1-\mu) \nabla^2 \varphi - \frac{\partial^2 \varphi}{\partial z^2}\right) \end{cases} \tag{9-5}$$

将式(9-5)代入式(9-1)和式(9-4)，有

$$\nabla^2 \nabla^2 \varphi = 0 \tag{9-6}$$

如果能从式(9-6)中解得应力函数 ϕ，代入式(9-5)中测得各应力分量。将各应力分量代入式(9-2)，得各形变分量。由式(9-5)、式(9-2)及式(9-6)可得以应力函数表示的位移分量，即

$$\begin{cases} u = -\frac{1+\mu}{E}\frac{\partial^2}{\partial r \partial z} \\[2mm] \omega = \frac{1+\mu}{E}\left[2(1-\mu) \nabla^2 \varphi - \frac{\partial^2 \varphi}{\partial z^2}\right] \end{cases} \tag{9-7}$$

方程(9-6)的求解，在路面力学分析中习惯上多采用 Hankel 变换法，由此解得

$$\varphi = (r,z) = \int_0^\infty \left[(A+Bz)\,\mathrm{e}^{-\zeta z} + (C+Dz)\,\mathrm{e}^{\zeta z}\right] \zeta J_0(\zeta r)\,\mathrm{d}\zeta \tag{9-8}$$

式中：$J_0(\zeta r)$ 为第一类零阶 Bessel 函数；A, B, C, D 为待定系数，由弹性层状体系的边

界条件确定。

由式(9-2),式(9-5),式(9-7)可得弹性空间轴对称课题的各应力及位移分量表达式:

$$
\begin{cases}
\sigma_r = -\int_0^\infty \zeta\{[A-(1+2\mu-\zeta z)B]\,\mathrm{e}^{-\zeta z}- \\
\qquad [C+(1+2\mu+\zeta z)D]\,\mathrm{e}^{\zeta z}\}J_0(\zeta r)\,\mathrm{d}\zeta + \dfrac{1}{r}U \\[2mm]
\sigma_\theta = 2\mu\int_0^\infty \zeta(B\mathrm{e}^{-\zeta z}+D\mathrm{e}^{\zeta z})J_0(\zeta r)\,\mathrm{d}\zeta - \dfrac{1}{r}U \\[2mm]
\sigma_z = \int_0^\infty \zeta\{[A+(1-2\mu+\zeta z)B]\,\mathrm{e}^{-\zeta z}- \\
\qquad [C-(1-2\mu-\zeta z)D]\,\mathrm{e}^{\zeta z}\}J_0(\zeta r)\,\mathrm{d}\zeta \\[2mm]
\tau_{zr} = \int_0^\infty \zeta\{[A-(2\mu-\zeta z)B]\,\mathrm{e}^{-\zeta z}+[C+(2\mu+\zeta z)D]\,\mathrm{e}^{\zeta z}\}J_1(\zeta r)\,\mathrm{d}\zeta \\[2mm]
u = -\dfrac{1+\mu}{E}U \\[2mm]
\omega = -\dfrac{1+\mu}{E}\int_0^\infty \zeta\{[A+(2-4\mu+\zeta z)B]\,\mathrm{e}^{-\zeta z}+ \\
\qquad [C-(2-4\mu-\zeta z)D]\,\mathrm{e}^{\zeta z}\}J_0(\zeta r)\,\mathrm{d}\zeta
\end{cases}
\tag{9-9}
$$

式中:

$$
U = \int_0^\infty \{[A-(1-\zeta z)B]\,\mathrm{e}^{-\zeta z}-[C+(1+\zeta z)D]\,\mathrm{e}^{\zeta z}\}J_1(\zeta r)\,\mathrm{d}\zeta
$$

式(9-9)即为轴对称空间课题的一般解。

为了满足一般性要求,同时需讨论非轴对称空间课题,而轴对称课题是其特例。与轴对称空间课题的分析方法相类似,先建立平衡方程、物理方程、几何方程及变形连续方程,之后选取应力方程。非轴对称空间课题的应力函数被选取为

$$
\Phi = \Phi(r,\theta,z)
$$

$$
\psi = \psi(r,\theta,z)
$$

并给定以应力函数表示的各应力分量及位移分量。按照轴对称课题的同一步骤得到类似于式(9-6)的方程:

$$
\begin{cases}
\nabla^4\Phi = 0 \\
\nabla^2\psi = 0
\end{cases}
\tag{9-10}
$$

为了满足一般性要求,将 Φ 和 ψ 表示为:

$$\begin{cases} \Phi(r,\theta,z)=\sum_0^\infty \Phi_k(r,z)\cos k\theta \\[3mm] \psi(r,\theta,z)=\sum_0^\infty \Psi_k(r,z)\sin k\theta \end{cases} \tag{9-11}$$

由 Hankel 变换方法解得

$$\Phi(r,\theta,z)=\sum_{k=0}^\infty \int_0^\infty \zeta\left[(A+Bz)\,\mathrm{e}^{-\zeta z}+(C+Dz)\,\mathrm{e}^{\zeta z}\right]J_k(\zeta r)\cos k\theta\,\mathrm{d}\zeta$$

$$\psi(r,\theta,z)=\sum_{k=0}^\infty \int_0^\infty \zeta\left[B\mathrm{e}^{-\zeta z}+F\mathrm{e}^{\zeta z}\right]J_k(\zeta r)\sin k\theta\,\mathrm{d}\zeta \tag{9-12}$$

由此可以求得非轴对称空间课题的一般解：

$$\begin{cases} \sigma_r=\sum_{k=0}^\infty\left\{-\int_0^\infty \zeta\left[(A-(1+2\mu-\zeta z)B)\,\mathrm{e}^{-\zeta z}-(C+(1+2\mu+\zeta z)D)\,\mathrm{e}^{\zeta z}\right]\times\right.\\[3mm] \qquad\left. J_K(\zeta r)\,\mathrm{d}\zeta+\dfrac{k+1}{2r}U_{k+1}+\dfrac{k+1}{2r}U_{K-1}\right\}\cos k\theta \\[4mm] \sigma_\theta=\sum_{k=0}^\infty\left\{2\mu\int_0^\infty \zeta\left[B\mathrm{e}^{-\zeta z}+D\mathrm{e}^{\zeta z}\right]\times J_K(\zeta r)\,\mathrm{d}\zeta-\dfrac{k+1}{2r}U_{k+1}-\dfrac{k+1}{2r}U_{K-1}\right\}\cos k\theta \\[4mm] \sigma_z=\sum_{k=0}^\infty\left\{\int_0^\infty \zeta\left[(A+(1-2\mu+\zeta z)B)\,\mathrm{e}^{-\zeta z}-\right.\right.\\[3mm] \qquad\left.\left.(C-(1-2\mu-\zeta z)D)\,\mathrm{e}^{\zeta z}\right]\times J_K(\zeta r)\right\}\cos k\theta\,\mathrm{d}\zeta \\[4mm] \tau_{r\theta}=\sum_{k=0}^\infty\left\{\int_0^\infty \zeta\left[E\mathrm{e}^{-\zeta z}+F\mathrm{e}^{\zeta z}\right]\times J_K(\zeta r)\,\mathrm{d}\zeta+\dfrac{k+1}{2r}U_{k+1}-\dfrac{k-1}{2r}U_{K-1}\right\}\sin k\theta \\[4mm] \tau_{z\theta}=\dfrac{1}{2}\sum_{k=1}^\infty(H_{k+1}+H_{k-1})\sin k\theta \\[4mm] \tau_{zr}=\dfrac{1}{2}\sum_{k=0}^\infty(H_{k+1}-H_{k-1})\cos k\theta \\[4mm] u=-\dfrac{1+\mu}{2E}\sum_{k=0}^\infty(U_{k+1}-U_{k-1})\cos k\theta \\[4mm] v=-\dfrac{1+\mu}{2E}\sum_{k=0}^\infty(U_{k+1}+U_{k-1})\sin k\theta \\[4mm] \omega=-\dfrac{1+\mu}{E}\sum_{k=0}^\infty\left\{\int_0^\infty\left[(A+(2-4\mu+\zeta z)B)\,\mathrm{e}^{-\zeta z}+\right.\right.\\[3mm] \qquad\left.\left.(C-(2-4\mu-\zeta z)D)\,\mathrm{e}^{\zeta z}\right]\times J_K(\zeta r)\right\}\cos k\theta\,\mathrm{d}\zeta \end{cases} \tag{9-13}$$

式中：

$$U_{K+1} = \left\{ \int_0^\infty \left[(A - (1-\zeta z)B - 2E)\, \mathrm{e}^{-\zeta z} - (C + (1+\zeta z)D + 2F)\, \mathrm{e}^{\zeta z} \right] \times J_{K+1}(\zeta r)\, \mathrm{d}\zeta \right\}$$

$$U_{K-1} = \left\{ \int_0^\infty \left[(A - (1-\zeta z)B + 2E)\, \mathrm{e}^{-\zeta z} - (C + (1+\zeta z)D - 2F)\, \mathrm{e}^{\zeta z} \right] \times J_{K-1}(\zeta r)\, \mathrm{d}\zeta \right\}$$

$$H_{K+1} = \left\{ \int_0^\infty \left[(A - (2\mu-\zeta z)B - E)\, \mathrm{e}^{-\zeta z} + (C + (2\mu+\zeta z)D + F)\, \mathrm{e}^{\zeta z} \right] \times J_{K+1}(\zeta r)\, \mathrm{d}\zeta \right\}$$

$$H_{K-1} = \left\{ \int_0^\infty \left[(A - (2\mu-\zeta z)B + E)\, \mathrm{e}^{-\zeta z} + (C + (2\mu+\zeta z)D - F)\, \mathrm{e}^{\zeta z} \right] \times J_{K-1}(\zeta r)\, \mathrm{d}\zeta \right\}$$

在以上诸式中，A，B，C，D，E，F 都与 k 有关，为简明起见脚标未注明。

如果荷载和边界条件已知，可由式(9-9)和式(9-13)分别给出空间轴对称课题和非轴对称课题各分量的表达式。

9.2.2　有限元分析法

路面力学问题除了用解析方法求解外，还可以用数值方法求得结果。随着计算力学和计算方法的发展，工程力学数值计算问题的研究异常活跃，因而也带动了路面力学数值计算工作。近年来，国内外路面力学数值计算方法研究较多的是应用有限元法，并取得了较为丰富的成果。随着我国路面计算理论研究的发展，弹性地基板及弹性层状体系的有限元分析计算方法取得了丰硕的成果，尤其是前者。本书将着重介绍混凝土路面板应力的有限元分析。

1. 有限元分析的一般过程

采用有限元中的位移分析弹性地基板的解题过程如下：

(1) 结构理想化，即把结构物抽象为相当的力学模型，水泥混凝土路面板可以理想化为弹性地基上的薄板弯曲问题。

(2) 结构离散化，即用假想的线把结构划分为有限个单元，各单元相互间仅在边界上的节点相连接。

(3) 规定单元的位移模式，并用基本未知数节点位移表示，该位移模式能唯一地确定单元的应变和应力状态，且能满足结构连续性条件。

(4) 推导各有限元单元的刚度矩阵。

(5) 推导各有限元单元的地基刚度矩阵。

(6) 荷载和约束处理，按照静力等效原则把作用在边界上的外荷载，移至相应节点上的力系，并根据结构受力与平衡情况，确定各边界条件与对称条件。

（7）把各有限元单元的刚度矩阵组成结构总刚度矩阵，并列出整个结构的平衡方程

$$[\boldsymbol{K}] \times [\boldsymbol{\delta}] = [\boldsymbol{F}] \tag{9-14}$$

（8）选择恰当的计算方法，解此线性方程组，求得各单元节点位移。

（9）由各节点位移 $[\boldsymbol{\delta}]$，求解各单元的内力，在薄板弯曲问题中，即求由应力合成的内力矩阵 $[\boldsymbol{M}]$。

2. 水泥混凝土路面有限元分析方法

水泥混凝土路面被假定为弹性地基上的小挠度弹性薄板，运用弹性薄板单元对水泥混凝土路面的应力与位移进行有限元分析，仍采用与弹性地基上薄板解析解相同的基本假定与力学模式。因此，首先简要给出弹性地基上小挠度薄板的基本方程，然后介绍有限元法的基本原理与有关公式的推导。

1）基本理论

板中弯矩与挠度的关系用矩阵形式来表示：

$$\{\boldsymbol{M}\} = \{\boldsymbol{M_X} \mid \boldsymbol{M_Y} \mid \boldsymbol{M_{XY}}\}$$

$$= \frac{E_c h^3}{12(1-\mu_c^2)} \begin{bmatrix} 1 & \mu_c & 0 \\ \mu_c & 1 & 0 \\ 0 & 0 & \dfrac{1-\mu_c}{2} \end{bmatrix} \left\langle -\frac{\partial^2 \omega}{\partial x^2} \middle| -\frac{\partial^2 \omega}{\partial y^2} \middle| -2\frac{\partial^2 \omega}{\partial x \partial y} \right\rangle \tag{9-15}$$

$$\{\boldsymbol{M}\} = [\boldsymbol{D}]\{\boldsymbol{X}\}$$

$$\{\boldsymbol{\sigma}\} = \{\sigma_x \mid \sigma_y \mid \tau_{xy}\} = \frac{12}{h^3} z \{\boldsymbol{M}\}$$

式中：E 为材料的弹性模量；μ 为材料泊松比；h 为混凝土路面板厚度，m；D 为弯曲刚度。

由此可知，只要知道板的位移表达式，便可以得出板中的弯矩和应力。

2）矩形薄板单位和位移模式

由于道路和机场的水泥混凝土路面板采用矩形分块，因此在有限元分析中采用矩形单元较为合适。此外，采用矩形单元可以较好地反映弹性薄板位移分布的非线性性质。一块连续的薄板被离散化，所以节点必然要满足刚性连接的要求。即对于几个单元共有的节点，它的广义位移，对于每一个单元都是相等的，所承受的广义节点力也相等。单元的编号顺序与节点的编号顺序是任意的，但是必须保证计算分析时，计算机程序结构紧凑，总刚度矩阵带宽较窄，少占用内存。

在有限元分析中,代替连续薄板的是一些离散的四边形薄板单元,它们只在节点连接。由于相邻单元之间有法向力和力矩的传送,所以必须把节点当作刚性的。为了便于分析,每个单元所受的荷载,仍然是按照静力等效的原则移置到节点上去。

计算这样的板体系统,仍然采用结构力学的位移法。基本未知量是节点的一个线位移(挠度 ω)和两个角位移(绕 x 轴的转角 θ_x 和绕 y 轴的转角 θ_y)。线位移以 z 轴正向为正,角位移以右手螺旋规则标出的矢量沿坐标轴的正向为正。

矩阵的薄板单元节点位移的正向及其相应的节点力和在直梁中一样,根据微小位移假定,由几何关系有 $\theta_x = -\dfrac{\partial \omega}{\partial y}$ 及 $\theta_x = \dfrac{\partial \omega}{\partial x}$。在一个不受支撑的节点 i,它的位移可以表示为

$$\{\delta_i\} = \{\omega_i \mid \theta_{xi} \mid \theta_{yi}\} = \left\{\omega_i \mid -\frac{\partial \omega}{\partial y}i \mid \frac{\partial \omega}{\partial x}i\right\} \tag{9-16}$$

相应的节点力表示为

$$\{F_i\} = \{W_i \mid M_{\theta xi} \mid M_{\theta yis}\} \tag{9-17}$$

由于薄板的位移、应变、应力、内力等都可以单一的用挠度 ω 来表示,因此,薄板单元中的位移模式问题,就是挠度 ω 取什么样的函数的问题。如取弹性地基板的单元为矩形薄板单元,一个矩形薄板单元在 4 个角点上各有 3 个自由度,一共 12 个自由度。故挠度 ω 的表达式应含有 12 个参数,现取如下的位移模式:

$$W = a_1 + a_2 x + a_3 y + a_4 x^2 + a_5 xy + a_6 y^2 + a_7 x^3 +$$
$$a_8 x^2 y + a_9 xy^2 + a_{10} y^3 + a_{11} x^3 y + a_{12} xy^3 \tag{9-18}$$

该单元的节点位移可以用列阵表示为

$$(\{\boldsymbol{\delta}\})^e = [\omega_i \theta_{xi} \theta_{yi} \omega_j \theta_{xj} \theta_{yj} \omega_m \theta_{xm} \theta_{ym} \omega_p \theta_{xp} \theta_{yp}]^T \tag{9-19}$$

在节点 $i(-a,-b)$,应该有

$$\omega_i = a_1 - aa_2 - ba_3 + a^2 a_4 + aba_5 + b^2 a_6 - a^3 a_7 -$$
$$a^2 ba_8 - ab^2 a_9 - ba_{10} + a^3 ba_{11} + ab^3 a_{12} \tag{9-20}$$

$$\theta_{xi} = \left(\frac{\partial \omega}{\partial y}\right)_i = a_3 - aa_5 - 2ba_6 + a^2 a_8 + 2aba_9 +$$
$$3b^2 a_{10} - a^3 a_{11} - 3ab^3 a_{12} \tag{9-21}$$

$$-\theta_{yi} = \left(\frac{\partial \omega}{\partial x}\right)_i = a_2 - 2aa_4 - ba_5 + 3a^2 a_7 + 2aba_8 +$$
$$b^2 a_9 - 3a^2 ba_{11} - b^3 a_{12} \tag{9-22}$$

在节点 j,m,p,也有与式(9-20)~式(9-22)类似的 3 个方程。由这 12 个方程联立求

解，得出 $a_1 \sim a_{12}$，整理后得

$$\omega = N_i\omega_i + N_{xi}\theta_{xi} + N_{yi}\theta_{yi} + N_j\omega_j + N_{xj}\theta_{xj} + N_{yj}\theta_{yj} +$$
$$N_m\omega_m + N_{xm} + N_{ym}\theta_{ym} + N_p\omega_p + N_{xp}\theta_{xp} + N_{yp} \tag{9-23}$$

式中：$N_i, \cdots, N_{yp}$ 都是关于 x 和 y 的四次多项式。

则表达式(9-18)可以表示为

$$\omega = [\boldsymbol{N}]\{\boldsymbol{\delta}\}^e \tag{9-24}$$

根据假定，整个薄板的位移完全确定与中面的位移，而中面又只有 z 方向的位移，即挠度 ω。因此，中面可能有的位移就只是沿 z 方向的移动以及绕 x 轴和绕 y 轴的转动。在式(9-18)中，a_1 是不随坐标而变的沿 z 方向的刚体移动，所以它就代表薄板单元在 z 方向的移动；$-a_2$ 及 a_3 分别是不随坐标而变的绕 y 轴和 x 轴的转角 θ_y 及 θ_x，所以它们就代表薄板单元的刚体转动。这就是说，式(9-18)前 3 项完全反映薄板的刚体位移。同样，3 个二次项完全反映了常量的形变。

由此可见，位移模式完全满足解答的收敛性的必要条件。

3）薄板的内力矩阵和劲度矩阵

将式(9-24)代入式(9-17)，可将单元的形变用节点位移来表示：

$$\{\chi\} = \left\{ -\frac{\partial^2\omega}{\partial x^2} \mid -\frac{\partial^2\omega}{\partial y^2} \mid -2\frac{\partial^2\omega}{\partial x\partial y} \right\} = [B]\{\delta\}^e \tag{9-25}$$

单元的弯矩用节点位移来表示：

$$\{M\} = [D][B]\{\delta\}^e = [S]\{\delta\}^e \tag{9-26}$$

4）单位刚度矩阵

根据虚位移原理，如果在一组外荷载作用下，弹性体是处于平衡状态的，当其受到一组附加微小的与约束条件相适应的虚位移，同时力系在虚位移过程中始终保持平衡，则外荷载在虚位移上的虚功，就等于整个弹性体在虚应变上的虚功。

$$\{\delta^*\}^T\{F\} = \iiint \{\varepsilon^*\}^T\{\sigma\}\,\mathrm{d}x\,\mathrm{d}y\,\mathrm{d}z \tag{9-27}$$

将虚位移原理用于矩形薄板单元，其虚功方程为

$$(\{\delta^*\}^e)^T\{F\}^e = \iint \{\chi^*\}^T\{M\}\,\mathrm{d}x\,\mathrm{d}y \tag{9-28}$$

$$\{F\}^e = \iint [B]^T[D][B]\,\mathrm{d}x\,\mathrm{d}y\{\delta\}^e \tag{9-29}$$

5）地基刚度矩阵

求得矩形薄板刚度矩阵后，还要和矩形薄板地基刚度矩阵相加，才能得到弹性地基矩阵薄板刚度矩阵。水泥混凝土路面的力学分析通常采用 Winkler 地基和弹性半空间地基两种模式。本章只推导 Winkler 地基模式，仅对弹性半空间体地基模式做简要介绍，读者

可自行推导。

设单元 ijlk 角点发生虚位移,则

$$(\{\delta^*\})^T = \{\omega_i^* \theta_{xi}^* \theta_{yi}^* \omega_j^* \theta_{xi}^* \theta_{yi}^* \omega_1^* \theta_{x1}^* \theta_{y1}^* \omega_k^* \theta_{xk}^* \theta_{yk}^*\} \tag{9-30}$$

此时,节点力 $\{F\}_e$ 在虚位移上的虚功为 $\{\delta^*\}^T\{F\}^e$,板中某微分面积 $\mathrm{d}x\mathrm{d}y$ 的内力在虚应变上的虚功为 $\{\chi^*\}^T\{M\}\mathrm{d}x\mathrm{d}y$,板底某微分面积上的地基反力在虚位移上的虚功为

$$\omega^* p \,\mathrm{d}x\mathrm{d}y = k\omega^* \omega \,\mathrm{d}x\mathrm{d}y \tag{9-31}$$

以上各式中,p 为单位面积上的地基反力,k 为地基反应模量。因此,虚功方程为

$$(\{\delta^*\}^e)^T\{F\}^e - \int_{-a}^{a}\int_{-b}^{b}\{\omega^*\}^T K_0\{\omega\}\,\mathrm{d}x\mathrm{d}y = \int_{-a}^{a}\int_{-b}^{b}\{\chi^*\}^T\{M\}\,\mathrm{d}x\mathrm{d}y \tag{9-32}$$

$$\{\omega\} = [N]\{\delta\}^e \quad \{\omega^*\} = [N]\{\delta^*\}^e$$

$$\{\chi^*\} = [B]\{\delta^*\}^e \quad \{M\} = [D][B]\{\delta\}^e$$

代入可得

$$\{F\}^e = \left(\iint [B]^T[D][B]\,\mathrm{d}x\mathrm{d}y + K_0\iint [N]^T[N]\,\mathrm{d}x\mathrm{d}y\right)\{\delta\}^e \tag{9-33}$$

也可以简写为

$$\{F\}^e = ([k] + [K_S])\{\delta\}^e \tag{9-34}$$

式中:$[K_S]$ 为矩阵薄板的地基刚度矩阵,即

$$[K_S] = \frac{K_0 ab}{6300} \times$$

$$\begin{bmatrix}
3454 \\
-922b & 320b^2 \\
922a & -252ab & 320a^2 \\
1226 & -548b & 398a & 对 & & 称 \\
548b & -240b^2 & 168ab & 922b & 320b^2 \\
398b & -168ab & 160a^2 & 922a & 252ab & 320a^2 \\
394 & -232b & 232a & 1226 & 398b & 548a & 3454 \\
232b & -120b^2 & 112ab & 398b & 160b^2 & 168ab & 922b & 320b^2 \\
-232a & 112ab & -120a^2 & -548a & -168ab & -240a^2 & -922a & 252ab & 320a^2 \\
1226 & -398b & 548a & 394 & 232b & 232a & 1226 & 548b & -398b & 3454 \\
-398b & 160b^2 & -168ab & -232b & -120b^2 & -112ab & -548b & -240b^2 & 168ab & -922b & 320b^2 \\
-548a & 168a & -240a^2 & -232a & -112ab & -120a^2 & -398a & -168ab & 160a^2 & -922a & 252ab & 320a^2
\end{bmatrix}$$

同样的,弹性半空间地基模型的地基刚度矩阵形式为

$$[K_s'']_{3n\times3n} = \begin{bmatrix} K_{s11} \\ 0 & 0 \\ 0 & 0 & 0 \\ K_{s21} & 0 & 0 & K_{s22} \\ 0 & 0 & 0 & 0 & 0 \\ 0 & 0 & 0 & 0 & 0 & 0 \\ K_{s31} & 0 & 0 & K_{s32} & 0 & 0 & K_{s33} \\ 0 & 0 & 0 & 0 & 0 & 0 & 0 & 0 \\ 0 & 0 & 0 & 0 & 0 & 0 & 0 & 0 & 0 \\ K_{s41} & 0 & 0 & K_{s42} & 0 & 0 & k_{s43} & 0 & 0 & K_{s44} \\ 0 & 0 & 0 & 0 & 0 & 0 & 0 & 0 & 0 & 0 & 0 \\ 0 & 0 & 0 & 0 & 0 & 0 & 0 & 0 & 0 & 0 & 0 & 0 \end{bmatrix}$$

6）荷载矩阵

矩形薄板单元上，与各个节点位移相应的节点荷载，可用列阵表示为

$$\{R\}^e = [Z_i\,T_{xi}\,T_{yi}\,Z_j\,T_{xj}\,T_{yj}\,Z_m\,T_{xm}\,T_{ym}\,Z_p\,T_{xp}\,T_{yp}]^T \tag{9-35}$$

如一矩阵单元作用在 z 方向的分布荷载为 $q(x,y)$，则传给各节点的荷载为

$$\{R\}^e = \iint [N]^T q(x,y)\,\mathrm{d}x\,\mathrm{d}y \tag{9-36}$$

荷载向节点移置的表达式：

$$\{R\}^e = [N]^T P \tag{9-37}$$

式中：P 为点 (x,y) 处的集中荷载。

当单元体上沿法向作用力分布荷载 $q(x,y)$（单位面积荷载）时，有

$$\{R\}^e = \iint [N]^T q(x,y)\,\mathrm{d}x\,\mathrm{d}y \tag{9-38}$$

式（9-38）与式（9-36）在形式上是一样的。

9.3　路面应力测定

目前，结构物应变的测量仪器主要有电阻式应变片、振弦式应变计、光纤光栅应变传感器。

1. 电阻式应变片

电阻式应变传感器是一种能把非电物理量，如位移、力、压力、加速度、扭矩等转换成与之有确定关系的电阻值，再经过测量电路转换成电压或电流信号的一种装置。电阻式

应变传感器具有结构简单、输出精度高、线性和稳定性好等优点,在非电量检测中应用十分广泛。

电阻式应变片作为一种无损检测技术在各类工程结构中得到广泛应用,其分为金属丝应变片式和半导体应变片式两种类型,其结构基本相同,主要由四部分组成:①敏感栅。它是应变片的转换元件,由金属细丝绕成或者半导体材料制成栅形,故称为敏感栅。②基底。基底是将弹性体的应变传递到敏感栅上的中间介质,并起到敏感栅和弹性体之间绝缘的作用。③引线。它是从应变片的敏感栅中引出的导线,并与测量电路相连接。④盖层。起着保护敏感栅的作用。应变片的电阻值有 60Ω、120Ω、200Ω 等规格,其中 120Ω 最为常见。电阻式应变片利用在待测物体上粘贴应变片,然后通过应变片的各种桥路的连接,检测应变片在受力时应变值的变化来量测受力物体的应变大小。电阻式应变传感器具有经济性好、量程大、输出电信号强、操作简单方便等优点,在近 50 年的发展历程中,在各个科学实验和工程领域中都可以看到电阻式应变片的身影。例如,在航空航天工程中应变片被应用于航天器等仪器的结构应力-应变测量和加荷载测试的控制;在土木工程中电阻式应变片被广泛应用于建筑物结构应力-应变的测量、大型水利电站的施工和蓄水过程监测、房屋抗震试验、桩基应力检测、桥梁强度检测等;在机械电力工程方面应变片被用于电厂设备的强度试验。但是电阻式应变片的测试结果受温度、湿度、导线长短等环境因素的影响极强,稳定性较差。

在沥青路面结构应力-应变检测领域,国内有些高校的学者在研究中试图将应变片粘贴在钢板上,并埋设在试验路段上来检测沥青路面各结构层在循环交通荷载下的应力-应变响应,但实际上沥青路面材料的弹性模量要远远小于钢板的弹性模量,故其检测方法的可靠性有待验证;而室内试验与工程实际相比,其试验条件过于理想化,没有真实反映沥青路面结构在复杂的自然环境、交通荷载作用下结构应力-应变响应。

2. 振弦式应变计

常见的振弦式应变计主要由不锈钢护管、钢弦、前后端座、信号传输电缆,以及电磁线圈等部件构成,以上的构件主要是测量应变情况。除此以外,大部分振弦式应变计还带有测量温度的功能,这类振弦式应变计带有一个热敏电阻器,这个电阻器可以测量周围的环境温度,可以对测量的温度进行补偿修正。当被测的构件有应力变化时,构件自身会出现应变,就会带动贴装在该构件上的振弦式应变计产生一定的变形。此时,通过振弦式应变计的前后端座将此变形转化为内部钢弦的变形,使得振弦产生应力变化,进而改变振弦的基础固有频率。通过电磁线圈对振弦进行激振可以测量得到其振动频率,将所得到的频率信号通过电缆进行传递,传递到对应软件中进行转化就可以得到测量构件的应变情况。同理,由于外界温度的变化引起振弦的热胀冷缩同样会改变钢弦的固有频率,通过其可以修正布设测点的应力值。利用振弦式应变计计算测量构造物的应变公式如下:

$$\varepsilon = K(f_o^2 - f_i^2) \tag{9-39}$$

式中：ε 表示测量构件的应变值；K 表示检测仪器的原始标定系数；f_o 表示在未加荷载时候的初始振弦的振动频率；f_i 表示在加荷载以后的振弦实测的振动频率。

由于振弦式应变计既具有光纤的高精度以及高灵敏度，同时有较高的可靠性以及对恶劣环境的稳定性，同时振弦式应变计安装较为简便，安全性也较高，可以反复利用。因此振弦式应变计在土木、水利、矿山上得到了广泛的利用。

3. 光纤光栅应变传感器

单模光纤布拉格光栅（Fiber Bragg Grating，FBG）简称为光纤光栅，是在单模光纤上采用紫外激光照射相位掩模板写制而成的波长调制型光学无源器件，具有抗电磁干扰、体积小、易封装、与待测对象结合和易组网的特点，在航空航天设备、钢结构设施及大坝桥梁等结构的健康监测领域应用广泛。常见的光纤光栅应变传感器封装方式为基片粘贴式、管状嵌入式及两端固定式等，基片粘贴式一般是将光纤光栅用环氧胶粘贴在钢性基板上，多用于结构表面应变的测量；嵌入式则将光纤光栅灌封于较小的钢管中，适合于大坝等土木工程内部的应变监测；两端固定式是在中间光纤光栅有良好保护的基础上，将两端粘贴固定，应变直接作用在栅区上，适合于较小尺寸场合的应用。虽然多种结构的光纤光栅应变传感器获得了大量的应用，但传感器的高精度、稳定度和长期可靠性仍是当前研究的难点和热点。

光纤光栅是在载氢增加光敏性后的单模光纤上，利用紫外激光照射相位掩模板形成的，成栅后在照射区域的单模光纤上光纤纤芯呈周期性调制。根据光在光纤中传输的耦合模理论，当一束光入射到光纤中时，遇到光纤光栅会有满足反射条件的窄带光反射回来，反射回的窄带光波长即光纤光栅的中心波长 λ_B，可表示为

$$\lambda_B = 2n_{\mathrm{eff}}\Lambda \tag{9-40}$$

式中：n_{eff} 为纤芯导模的有效折射率；Λ 为折射率调制周期。

当作用于光纤光栅的被测物理量发生改变时，会引起上式中 n_{eff} 和 Λ 的改变，进而导致 λ_B 的改变。同理，逆向检测 λ_B 的改变，也可以得到被测物理量的变化。目前对光纤 Bragg 光栅传感器的研究主要集中在温度和应力的分布式量测中，温度 T 和应变 ε 变化引起的 λ_B 的改变，如下式所示：

$$\Delta\lambda_B = \lambda_B\left\{1 - \frac{n_{\mathrm{eff}}^2}{2}\left[p_{12} - \nu(p_{11} + p_{12})\right]\right\}\varepsilon + \lambda_B(\alpha + \xi)\Delta T \tag{9-41}$$

式中：p_{ij} 为光弹系数；ε 为应变改变；n_{eff} 为有效折射率；α 为热膨胀系数；ξ 为热光系数；ΔT 为温度改变。

式(9-41)应变和温度这两项条件是相互独立、线性叠加的，一个温度场内两者发生相同的温度效应，就可以利用其中的温度传感器消除温度对应变传感器的影响，进而可以得

到单独由应变引起的波长变化,通过标定试验确定波长变化和应变关系进而可以得到传感器的应变变化值。

9.4 轮胎—路面接触三轴应力动力响应数值模拟

路面动力响应问题涉及路面结构模型、车辆荷载模型、路面材料本构关系及外界环境(温度及湿度)的数学描述,是探究路面破坏机理及预测路面使用寿命、进而有效优化路面设计的关键。获取真实的路面结构的力学响应一定程度上取决于合理地简化车辆荷载模型。

传统力学分析中,车辆荷载通常被简化为大小、位置均不随时间改变而改变的恒载,或随时间作周期性变化的简谐荷载,抑或是在研究动力响应实测技术时所采纳的冲击荷载,如半正弦波荷载等。但真实的车辆荷载不仅大小随时间变化且空间位置也随时间变化,为典型非均布移动荷载,具有明显的随机性。

沥青路面的动力响应涉及更加复杂的车辆荷载因素,该问题的研究可分为3个方面:①基于随机荷载分析车辆—路面交互作用,主要研究由路面不平度引起的作用于路面上的车辆荷载随机变化以及车辆—路面系统的相互影响,其侧重于分析车辆—路面交互作用下施加于路面的荷载变化规律,即动荷系数;②基于层状体系的路面动力响应理论,引入层状弹性、黏弹性力学体系,对路面荷载加以假设,得到车辆荷载作用下路面动力响应的解析解和数值解;③基于数值模拟的路面动力响应,考虑车辆荷载的时间变化和空间位置变化历程,借用有限元、边界元等数值模拟分析手段,实现复杂移动荷载作用下的路面动力响应分析。本节主要介绍随机荷载作用下沥青路面动力响应数值模拟。

9.4.1 沥青路面三维有限元模型建立

1. 路面结构模型及材料参数选取

沥青路面材料是一种典型的黏弹性材料,沥青路面面层材料沥青玛蹄脂(SMA)对荷载应力和温度应力具有明显的依赖性。传统的沥青路面层状弹性结构并不能很好地描述沥青路面的真实受力状态,在有限元分析中,沥青路面层状黏弹性材料能很好地模拟沿深度方向上的沥青路面的不均匀特性。在沥青路面结构动力响应分析中引入黏弹性材料能更贴近沥青路面结构受力的实际情况。

以武汉市某高速公路典型沥青路面结构作为有限元分析的路面结构,建立黏弹性三维层状体系路面结构模型。黏弹性层状体系沥青路面材料及厚度结构如图9-1所示,计算所采用的沥青路面三维模型结构长度方向为2.0m,宽度方向为2.0m,路面结构深度为1.6m。

路面材料特性参数均采用路面设计中所使用的典型材料参数值。材料参数表见表9-1。

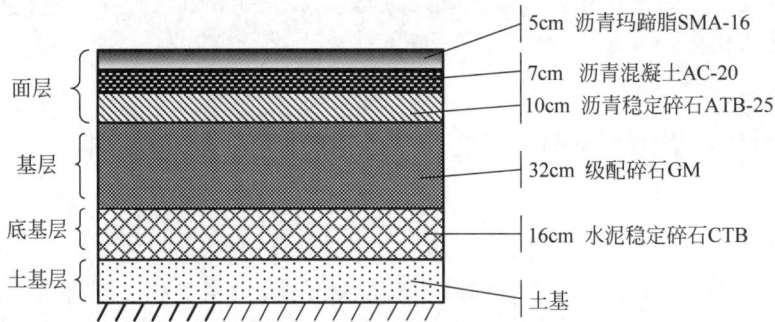

图 9-1　沥青路面结构及材料

表 9-1　沥青路面结构材料参数

材料类型	层位	瞬态模量(20℃)/MPa	泊松比	密度/(kg/m³)	阻尼系数
SMA-16	上面层	1110	0.3	2400	—
AC-20	中面层	1450	0.3	2400	—
ATB-25	下面层	1370	0.3	2400	—
GM	基层	250	0.35	2100	0.05
CTB	底基层	1000	0.25	2100	0.05
土基	土基	250	0.4	1900	0.05

由于沥青路面材料的黏弹特性,沥青路面结构力学响应会受到温度、荷载大小及荷载加载时间的影响。采用 ABAQUS 材料数据库中 Prony 级数序列剪切模量表示材料对时间的依赖。表 9-2 为 Prony 级数参数表。

表 9-2　沥青路面材料 Prony 级数参数

材料类型		g_i		
		SMA-16	AC-20	ATB-25
t_i	0.00001	0.74921	0.65442	0.36957
	0.0001	0.10638	0.19758	0.20112
	0.001	0.06432	0.05359	0.19425
	0.01	0.02906	0.04226	0.12230
	0.1	0.01452	0.01208	0.06732
	1	0.00745	0.00782	0.02538
	10	0.00407	0.00362	0.01082
	100	0.00154	0.00214	0.00421
	1000	0.00125	0.00058	0.00267

由于沥青路面材料的黏弹性,温度对沥青材料的影响不可忽略。沥青路面材料对温度的依赖性采用松弛时间与温度关系经验方程 WLF 方程,该方程能将参考温度 20℃ 转化为试验温度 45℃,所需松弛变量 WLF 方程参数如表 9-3 所示。

表 9-3 松弛变量 WLF 方程参数

材料类型	T_{ref}	C_1	C_2
SMA-16	20℃	27.6	288.9
AC-20	20℃	32.9	267.0
ATB-25	20℃	33.6	286.5

根据以上沥青路面结构模型和相应的材料参数建立沥青路面三维结构有限元模型,如图 9-2 所示。

2. 路面结构网格划分

采用 ABAQUS 软件网格划分模块对沥青路面结构进行网格划分,在路面结构中心荷载作用区域处采用网格加密以便分析此处的三向应力应变情况,路面结构单元采用 C3D8R(六面体八节点二次缩减积分)单元,划分好的沥青路面结构三维结构网格如图 9-3 所示。

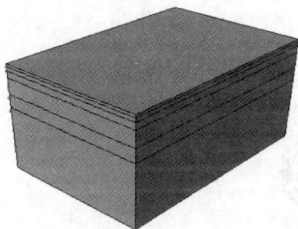

图 9-2 沥青路面三维结构模型

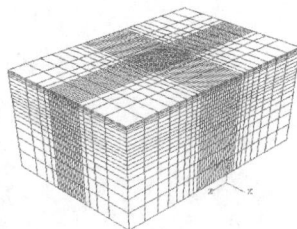

图 9-3 沥青路面三维结构网格划分

划分完沥青路面三维结构网格后需对该模型的网格进行质量检查:该模型总共有14880 个单元;平均最小角度为 90°,最小角度差为 90°;平均最小边长 0.0379m,最短边为 0.02m;分析错误和分析警告均为 0,说明网格质量划分非常高。

3. 路面结构边界及荷载条件

对多层黏弹性体系沥青路面三维结构模型边界条件及荷载设置如下:①沥青路面三维有限元模型最底层的土基为半无限体,所以将模型底面 6 个自由度固定;②沥青路面三维结构模型前后两个面法向位移为零;③沥青路面三维结构模型左右两个面法向位移为零;④将模型在轮胎接触面积内受到随时间变化的正弦荷载作为随机荷载输入,以分析沥青路面动力响应变化。

根据仿真 11.00R20-16PR 轮胎标准胎压额定荷载作用下获取的轮胎路面接触印

迹面积作为沥青路面三维结构受力面积,该轮胎—路面接触印迹面积具有高度的对称性。

图 9-4 为简化的轮胎—路面接触面积及接触印迹,其中,L_1 为最外缘花纹接地长度;L_2 为中间花纹接地长度;S_1、S_2、S_3 为花纹间隙宽度;B_1 为最外缘花纹接地宽度;B_2 为中间花纹接地宽度。11.00R20-16PR 轮胎—路面有效接触面积 S 计算结果为

$$S = 2 \times \left[B_1 \left(\frac{L_2 - L_1}{2} + L_1 \right) + B_2 L_2 \right] = 394.671 \text{cm}^2 \tag{9-42}$$

其中,$B_1 = 40.5\text{mm}$,$B_2 = 52\text{mm}$,$L_1 = 176\text{mm}$,$L_2 = 223.8\text{mm}$,$S_1 = S_2 = S_3 = 8\text{mm}$。

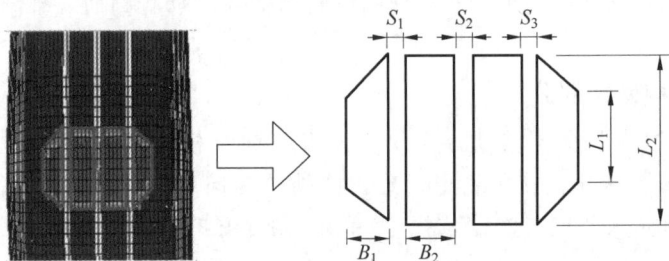

图 9-4　轮胎—路面接触面积及印迹简化

根据以上接触印迹及接触面积作为正弦荷载输入作用面,如图 9-5 所示。

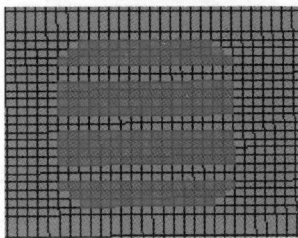

图 9-5　有限元中荷载作用面示意图

9.4.2　轮胎—路面接触随机荷载简化处理

根据随机荷载的理论推导可得轮胎单轮随机附加动荷载为

$$f(t) = k_1(y_1 - h \sin \omega t) = k_1 \left[H_1(\omega) e^{i\theta} \cdot q - h \sin \omega t \right] \tag{9-43}$$

则轮胎随机动荷载计算公式为

$$P(t) = P_0 + f(t) \tag{9-44}$$

式中:P_0 为车辆静荷载。由式(9-43)可以看出,轮胎随机附加动荷载 $f(t)$ 包括两个部

分：一部分为关于路面不平度的传递频率响应函数，另一部分为关于时间 t 的正弦函数。为方便分析计算，简化后的轮胎随机动荷载计算公式为

$$P(t) = \begin{cases} p_0 \sin \dfrac{\pi\left[t-(n-1)T_a\right]}{T_0}, & (n-1)T_a \leqslant t \leqslant (n-1)T_a + T_0 \\ 0, & (n-1)T_a + T_0 \leqslant t \leqslant nT_a \end{cases} \tag{9-45}$$

式中：P_0 为均布荷载幅值；T_a 为荷载作用周期；T_0 为荷载作用时间；n 为荷载周期数。

采用单个轮胎加载，荷载模型采用带有一定恢复时间的半正弦荷载，荷载加载可分为两个部分，荷载先是非线性增加，增到最大后再非线性减少，如图 9-6 所示。

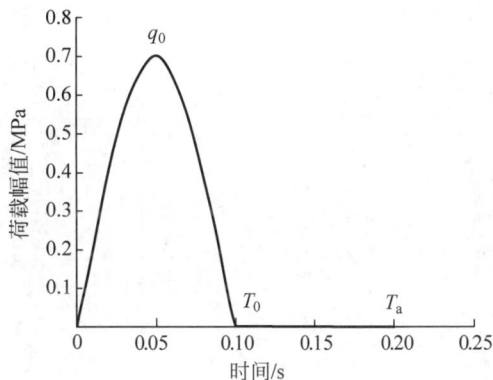

图 9-6　半正弦波荷载

根据简化随机荷载，在沥青路面荷载受力区域（图 9-5）处施加半正弦荷载。整个有限元仿真计算采用动力显式，时间增量步长为 0.001s，总计算增量步数为 200。由于沥青路面结构的黏弹性，沥青路面在受到随时间变化的半正弦荷载后，会发生竖向、横向、纵向的应力-应变。为研究沥青路面面层的受力变化情况，取沥青路面结构受力区域中心部位内部区域深度方向 0.02m、0.05m、0.125m、0.30m，取沥青路面结构与深度方向对应的上面层、中面层及下面层水平位置 0.02m、0.05m、0.15m、0.20m、0.25m、0.30m 作为分析点，分析沥青竖向、横向、纵向应力-应变情况。

9.4.3　沥青路面三维结构应力-应变分析

1. 沥青路面竖向应力与应变

图 9-7 和图 9-8 分别为轮胎—路面接触印迹范围内中心点以下沥青路面竖向应力分析点的一个正弦荷载周期内的时程变化曲线及不同时刻空间应力分布情况，图 9-9 和图 9-10 分别为沥青路面竖向应变分析点时程变化曲线及空间应变分布情况。

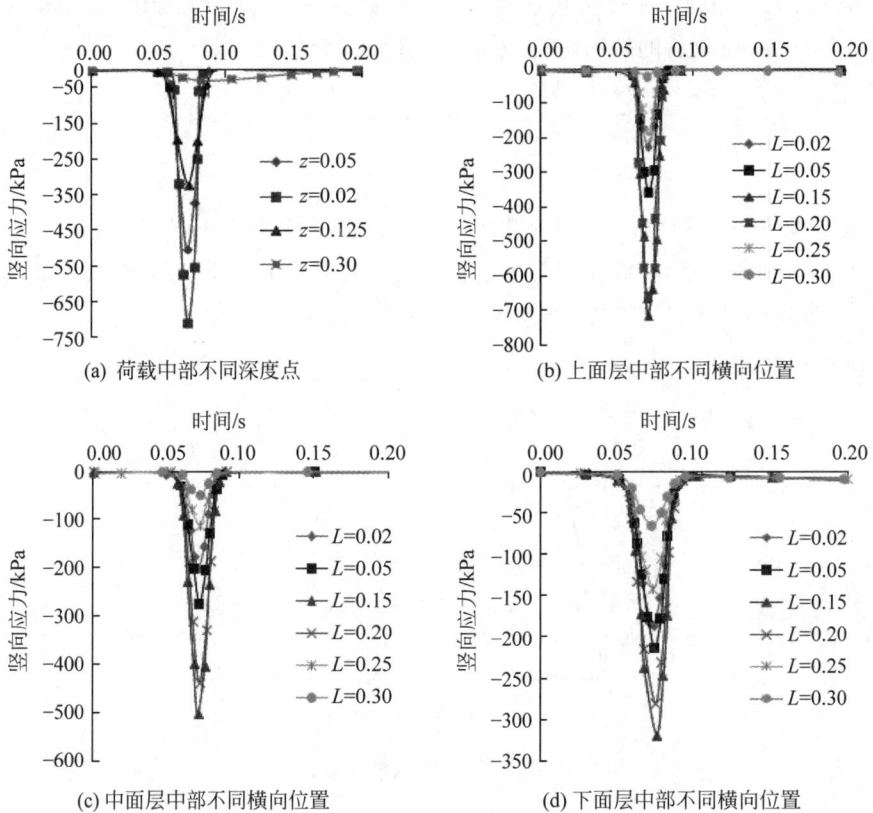

图 9-7   沥青路面竖向应力变化时程曲线(后附彩图)

由图 9-7 沥青路面竖向应力变化时程曲线可知,在轮胎接触印迹范围内,取具有典型代表性的中心点作为分析点,一个荷载周期范围内,随荷载的逐渐增加,沥青路面竖向应力逐渐增加,当半正弦荷载逐渐减小时竖向应力也逐渐减小。根据图 9-8 沥青路面竖向应力变化云图可知,在荷载区域内上面层和中面层出现应力集中现象,沥青路面上面层所受应力最大,随深度的增加应力值逐渐减小。

由图 9-9 和图 9-10 可知,在一个周期荷载范围内,沥青路面竖向应变随路面深度的增加,总应变变化趋势减小;在沥青路面同一深度条件下,随荷载的逐渐非线性增加应变逐渐增加,随荷载的非线性减小应变也呈非线性减小,变化曲线呈倒状的半正弦波变化趋势;在荷载作用面积范围内,沥青路面上面层呈现应变集中,随路面深度的增加应变值逐渐减小。

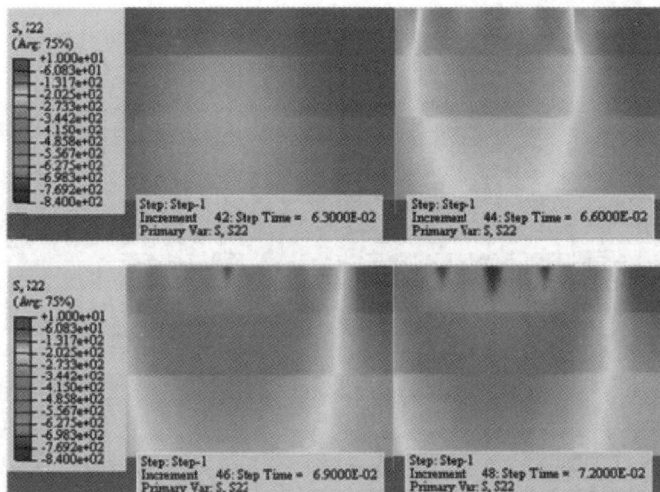

图 9-8 沥青路面竖向应力变化云图(后附彩图)

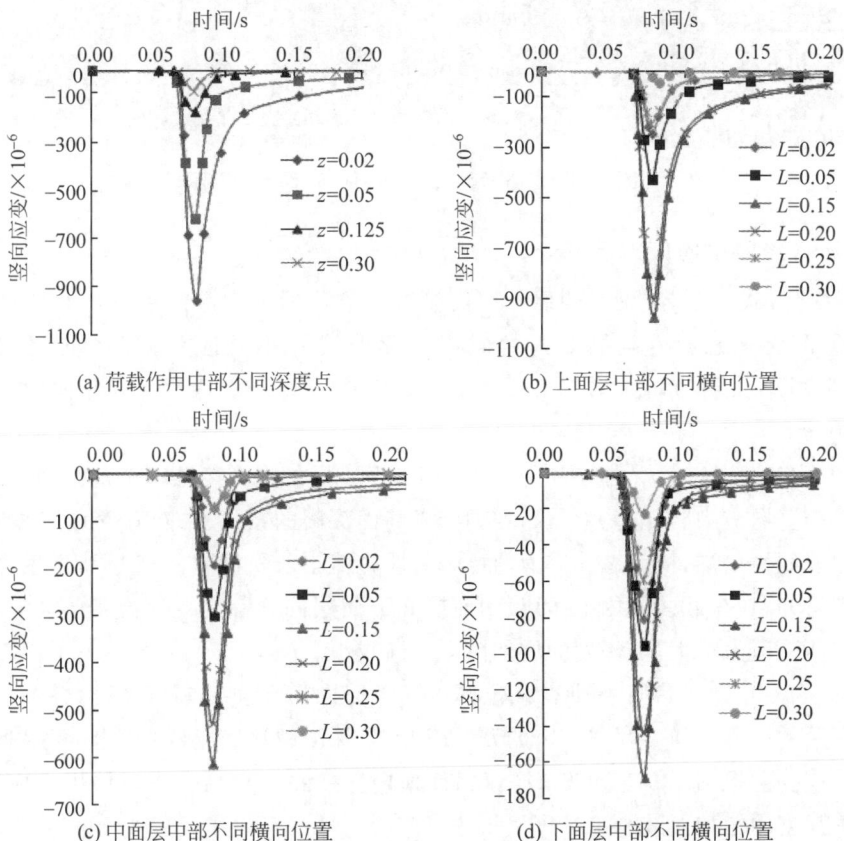

(a) 荷载作用中部不同深度点

(b) 上面层中部不同横向位置

(c) 中面层中部不同横向位置

(d) 下面层中部不同横向位置

图 9-9 沥青路面竖向应变变化时程曲线(后附彩图)

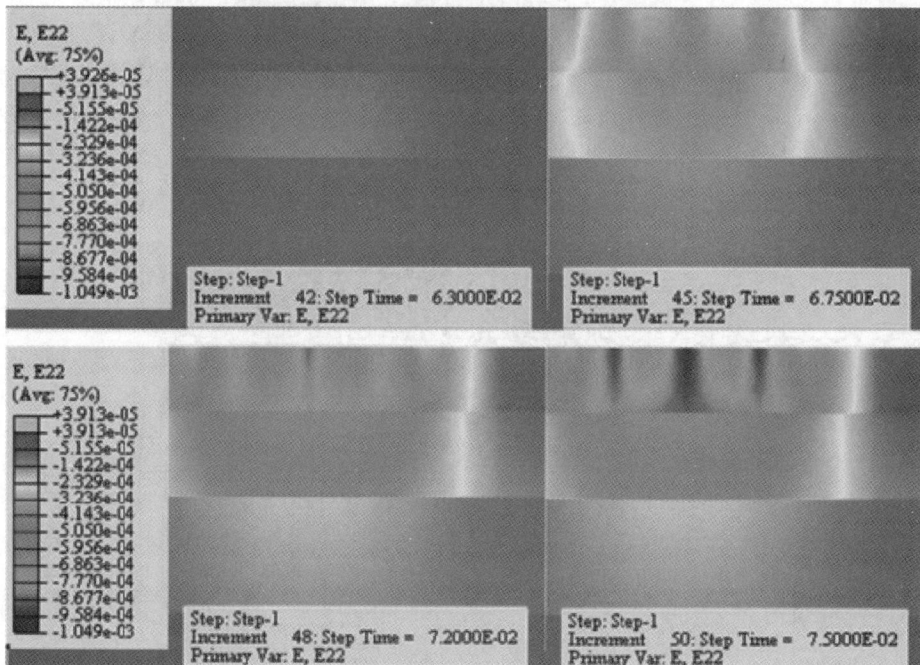

图 9-10　沥青路面竖向应变变化云图(后附彩图)

2. 沥青路面横向应力与应变

图 9-11 和图 9-12 分别为轮胎—路面接触印迹范围内中心点以下沥青路面横向应力分析点的一个正弦荷载周期内的时程变化曲线及不同时刻空间应力分布情况,图 9-13 和图 9-14 分别为沥青路面作用分析点横向应变分析点时程变化曲线及空间应变分布情况。

由图 9-11 沥青路面横向应力变化时程曲线可知,在轮胎接触印迹范围内,横向应力变化趋势与竖向应力变化趋势一致,相同沥青路面深度的条件下,随荷载的非线性增加横向应力也非线性增加,横向总体应力值比竖向应力值小。根据图 9-12 沥青路面竖向应力变化云图可知,在荷载区域内上面层、中面层和下面层同样都出现应力集中现象,沥青路面上面层所受应力最大,随深度的增加应力逐渐减小。

由图 9-13 可知,在一个周期荷载范围内沥青路面横向应变幅值先增大后减小,荷载减小为零后的一段时间后存在一定的残余应变,且深度越浅应变恢复越慢,荷载区域内出现横向拉应变。根据图 9-14 可知,沥青路面横向应变在上面层和中面层出现应变集中,应变随着深度的增加而减小。

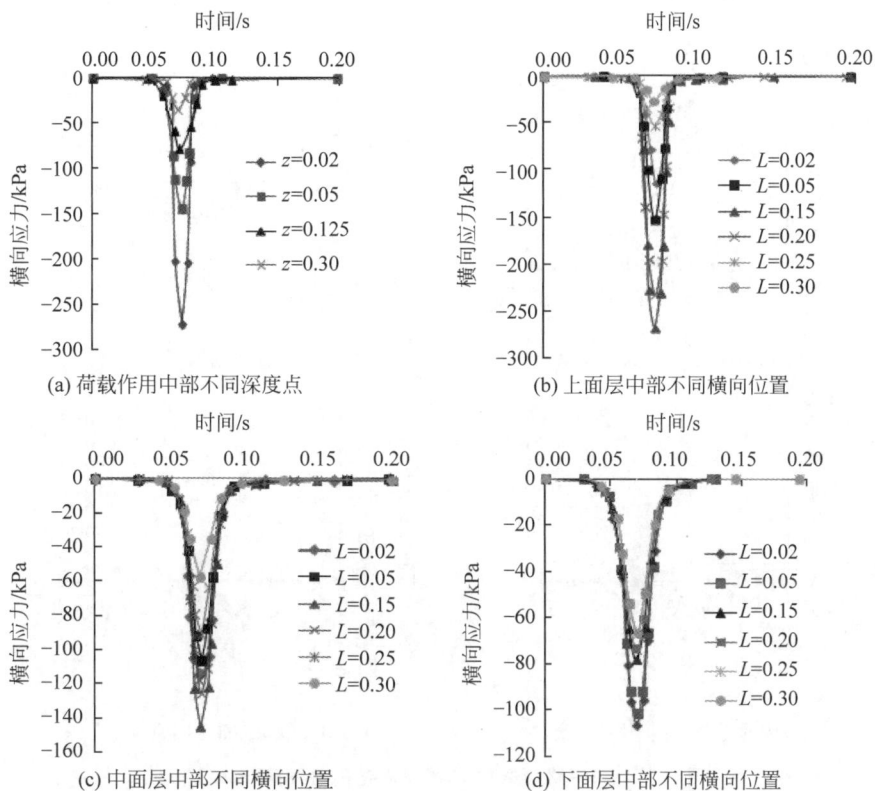

图 9-11　沥青路面横向应力变化时程曲线(后附彩图)

(a) 荷载作用中部不同深度点

(b) 上面层中部不同横向位置

(c) 中面层中部不同横向位置

(d) 下面层中部不同横向位置

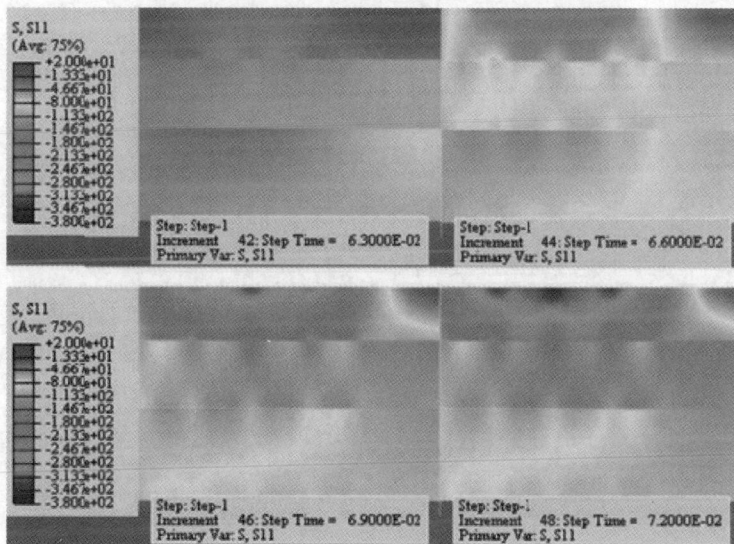

图 9-12　沥青路面横向应力变化云图(后附彩图)

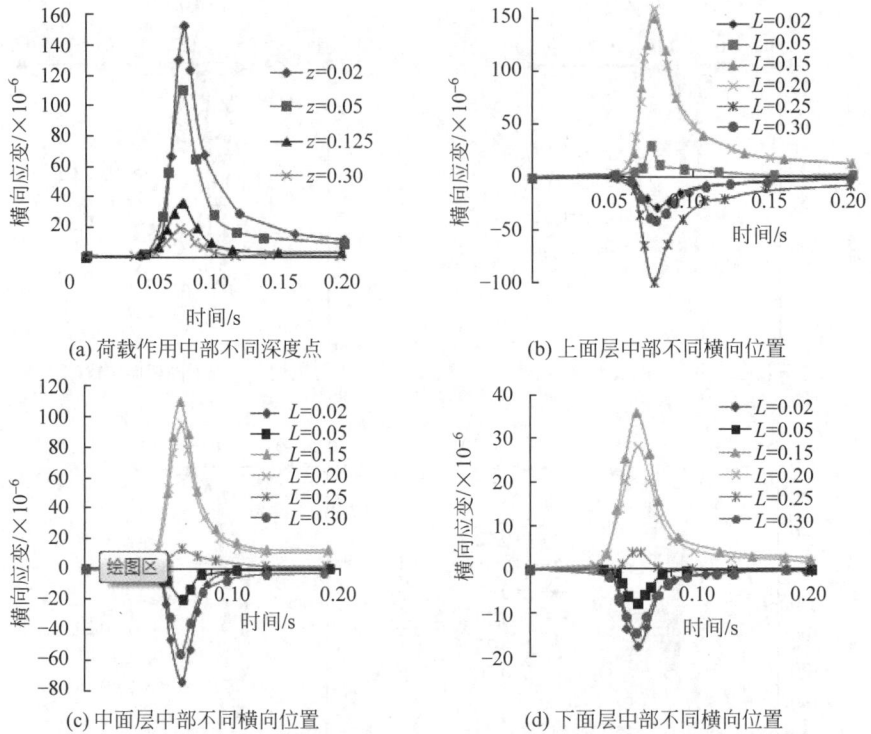

(a) 荷载作用中部不同深度点

(b) 上面层中部不同横向位置

(c) 中面层中部不同横向位置

(d) 下面层中部不同横向位置

图 9-13　沥青路面横向应变变化时程曲线（后附彩图）

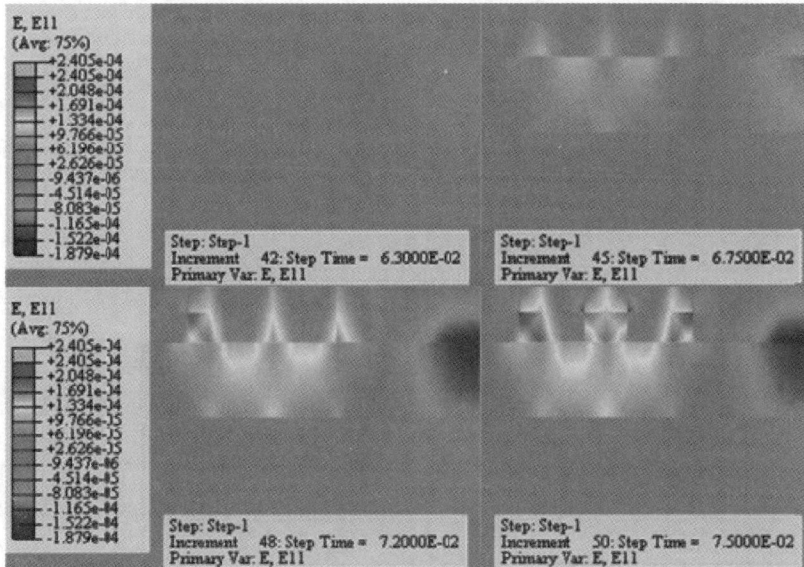

图 9-14　沥青路面横向应变变化云图（后附彩图）

3. 沥青路面纵向应力与应变

图 9-15 和图 9-16 分别为轮胎—路面接触印迹范围内中心点以下沥青路面纵向应力分析点的一个正弦荷载周期内的时程变化曲线及不同时刻空间应力分布情况,图 9-17 和图 9-18 分别为沥青路面纵向应变分析点时程变化曲线及空间应变分布情况。

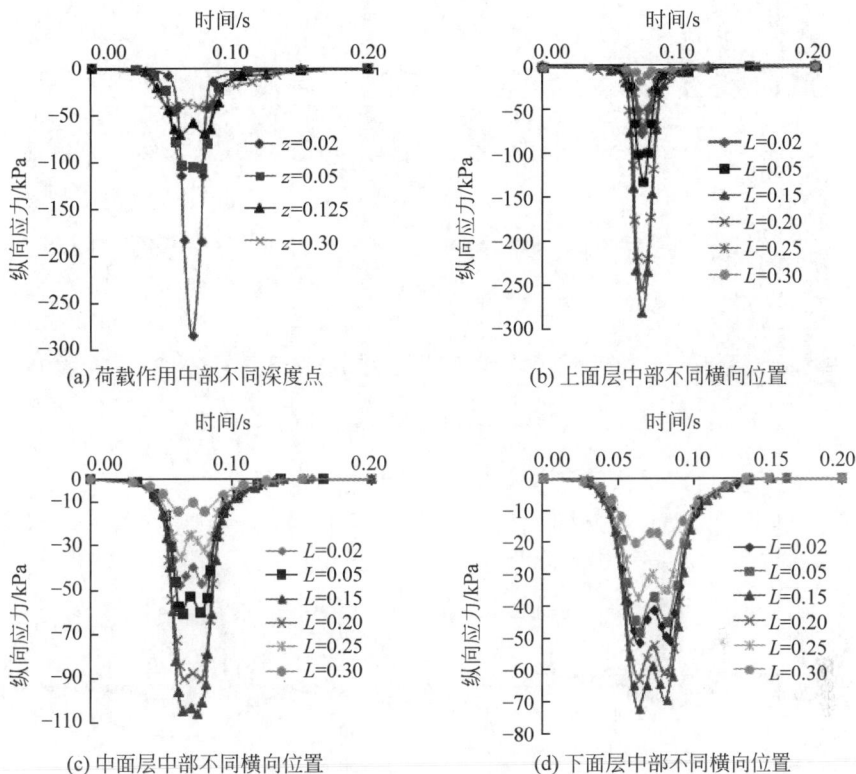

图 9-15 沥青路面纵向应力变化时程曲线(后附彩图)

由图 9-15 沥青路面纵向应力变化时程曲线可知,在轮胎接触印迹范围内由于沥青路面的黏弹性,在随荷载非线性增加的过程会存在上一时刻的残余应力,在荷载非线性减小时纵向应力出现微小波动。根据图 9-16 沥青路面纵向应力变化云图可知,在荷载区域内上面层同样都出现应力集中现象,沥青路面上面层所受应力最大,随荷载的增加中面层底部会出现应力集中现象,随沥青路面深度的增加纵向应力逐渐减小。

由图 9-17 可知,沥青路面纵向应变在一个周期荷载范围内出现拉压交替的变化情况,不同深度的分析点的纵向动力响应变化趋势相同。根据图 9-18 可知,沥青路面横向应变在上面层和中面层交界处出现应变集中,随深度的增加而应变减小,可见路面材料在反作用的荷载下在纵向方向上产生反复的拉压变形导致路面材料发生疲劳损坏。

图 9-16　沥青路面纵向应力变化云图(后附彩图)

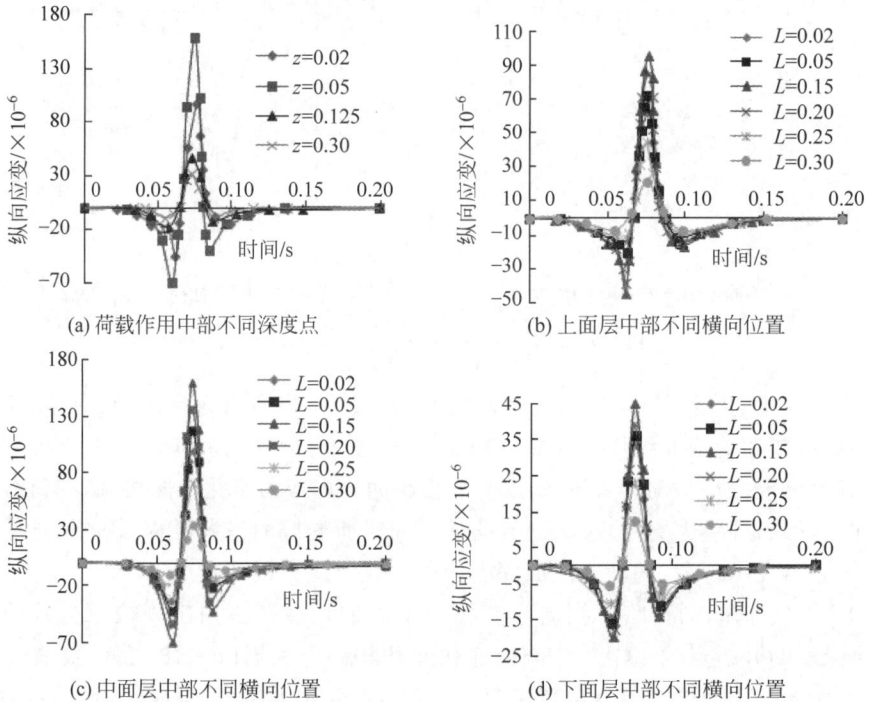

(a) 荷载作用中部不同深度点

(b) 上面层中部不同横向位置

(c) 中面层中部不同横向位置

(d) 下面层中部不同横向位置

图 9-17　沥青路面纵向应变变化时程曲线(后附彩图)

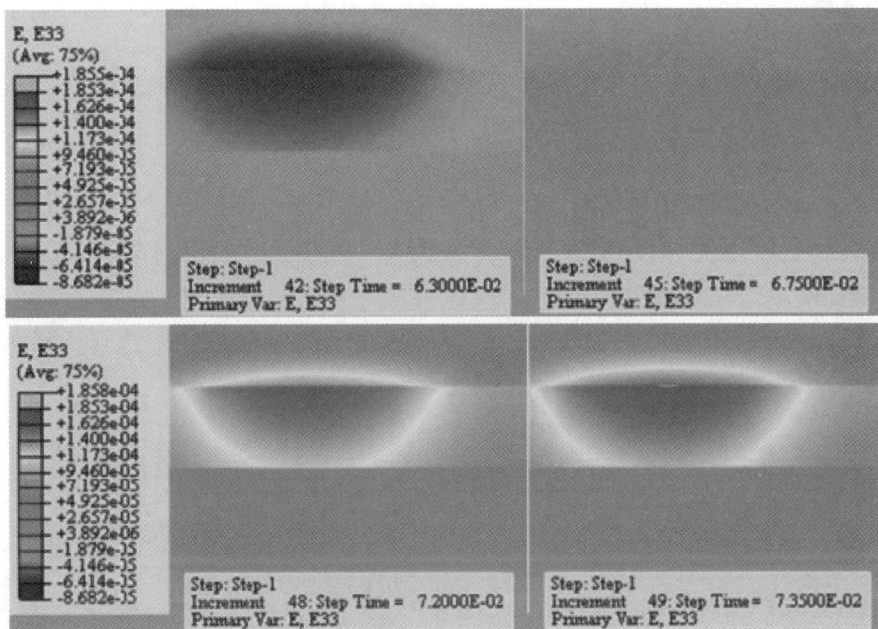

图 9-18　沥青路面纵向应变变化云图(后附彩图)

复习思考题

1. 什么是路面应力,以及路面应力测量理论?
2. 路面力学问题中有限元分析方法的一般步骤是什么?
3. 路面应力测定的方法有哪些?并简述检测步骤。
4. 沥青路面三维有限元分析模型建立时参数选择的原则是什么?
5. 简述沥青路面横向与纵向的应力与应变的关系,并试分析两者的受力特点。

第 10 章

路面其他指标测量

10.1 路面渗水系数测定

沥青路面渗水性能是反映路面沥青混合料级配组成的一个间接指标,也是沥青路面水稳定性的一个重要指标。如果整个沥青面层均透水,则水势必然进入基层或路基,使路面承载力降低。相反,如果沥青面层中有一层不透水,而表层能很快透水,则又不致形成水膜,对抗滑性能有很大好处,同时还能减少噪声。因此,沥青路面渗水系数已成为评价路面性能的一个重要指标。

路面渗水系数是在规定的水头压力条件下,单位时间内渗入路面规定面积的水的体积,用 CW 表示,单位 mL/min。

1. 仪具与材料

(1) 路面渗水仪。如图 10-1 所示,由盛水量筒、支架、底座、细管和压重铁圈等组成。盛水量筒为透明有机玻璃,内径 50mm,容积 60mL,表面有刻度,在 100mL 和 500mL 处有粗标线,再通过 10mm 的细管与底座相接,中间有一开关。量筒通过支架与底座连接,底座下方开口内径 150mm,外径 165mm。不锈压重铁圈内径 160mm,共需 2 个,每个重约 5kg。

(2) 水桶、大漏斗、秒表、水、粉笔、塑料圈、刮刀、扫帚等。

(3) 密封材料:防水腻子,油灰或橡皮泥。

图 10-1 路面渗水仪

2. 准备工作

在测试路面的行车道上,按随机取样选点法选择测试位置,每一个检测路段应测定5个点。用扫帚清扫表面,并用刷子将路面表面的杂物刷去,用粉笔画上测试标记。

3. 测试步骤

(1) 将塑料圈置于路面表面的测点上,用粉笔分别沿塑料圈的内侧和外侧画上圈,在外环和内环之间的部分用密封材料进行密封。用密封材料进行密封处理时,不要使密封材料进入内圈。如果密封材料进入内圈,必须用刮刀将其刮掉,然后再将搓成拇指粗细的条状垒在环状密封区域的中央,并且垒成一圈。

(2) 将渗水仪放在路面表面的测点上,使渗水仪的中心尽量和圆环中心重合,然后略微用力将渗水仪压在条状密封材料表面,再将配重加上,以防压力水从底座与路面间流出。

(3) 将开关关闭,向量筒中注满水,然后打开开关,使量筒中的水流下,排除渗水仪底部内的空气。当量筒中水面下降速度变慢时,用双手轻压使渗水仪底部的气泡排出。关闭开关,并再次向量筒中注满水。

(4) 将开关全部打开,水开始从细管下部流出。待水面下降至100mL刻度线时,立即开动秒表,每间隔30s,读记仪器管中的刻度一次,至水面下降至500mL刻度线时为止。测试过程中,若水面下降速度很慢,则测得3min的渗水量即可停止;如果水面下降速度较快,在不到3min的时间内达到了500mL刻度线,则记录达到500mL刻度线时的时间;若水面下降至一定程度后基本保持不动,说明路面基本不透水或根本不透水,在报告中注明。

(5) 按以上步骤在同一个检测路段选择5个测点测定渗水系数,取其平均值,作为检测结果。

沥青路的渗水系数按式计算。计算时以水墨从100mL刻度线下降至500mL,刻度线所需要的时间为标准,若渗水时间过长,亦可采用3min通过的水量计算;

$$CW = V_2 - V_1/(t_2 - t_1) \times 60 \qquad (10\text{-}1)$$

式中:CW 为路面渗水系数,mL/min;V_1 为第1次计时的水量,mL,通常为100mL;V_2 为第2次计时的水量,mL,通常为500mL;t_1 为第1次计时的时间,s;t_2 为第2次计时的时间,s。

路面渗水系数试验记录见表10-1。

表 10-1　路面渗水试验记录表

测点编号	测点桩号	测点距中桩距离/m	渗水情况读数/mL			下降至500mL所需时间/s	渗水度/(mL/min)	平均值/(mL/min)	标准差/(mL/min)	变异系数/%	备注
			第一分钟末	第二分钟末	第三分钟末						
1											
2											
3											
4											
5											

10.2　路面厚度测定

在路面工程中,各个层次的结构厚度是和道路整体强度密切相关的。在路面设计中,路面的厚度是按设计荷载的作用次数计算出来的。厚度不够,就不能抵抗荷载作用下的应力,就不能保证路面的使用寿命。无论是刚性路面还是柔性路面,各个结构层的厚度是至关重要的。只有在保证厚度的情况下,路面的各个层次及整体强度才能得到保证,除了保证强度外,严格控制各结构层的厚度,还能对路面的标高起到一定的控制作用,因此,厚度也是一个非常重要的指标。

1. 路面厚度代表值与极值的允许偏差

路面各结构层厚度的检测方法与结构层的层位和种类有关,基层和砂石路面的厚度可用挖坑法测定,沥青面层及水泥混凝土路面板的厚度应用钻芯法测定。路面雷达测试系统能够在高速行驶状态下实时收集路面结构层资料,并通过计算机自动分析出路面各层的厚度、湿度、空隙位置和内部破损情况。几种常见的路面结构层厚度的代表值与极值的允许偏差见表 10-2。

2. 挖坑及钻芯法测定路面厚度试验方法

挖坑及钻芯法测定路面厚度试验方法适用于路面各层施工过程中的厚度检验及工程交工验收检查使用。基层厚砂石路面的厚度可用挖坑法测定,沥青面层及水泥混凝土路面板的厚度应用钻芯法测定。

1) 仪具与材料

(1) 挖坑用镐、铲、凿子、锤子、小铲、毛刷;

(2) 路面取芯样钻机及钻头、冷却水;

(3) 量尺:钢板尺、钢卷尺、卡尺;

表 10-2　常见的路面结构层厚度的代表值与极值的允许偏差

类型与层位	厚度/mm			
	代表值		合格值	
	高速、一级	其他公路	高速、一级	其他公路
水泥混凝土面层	5	5	10	10
沥青混凝土、沥青碎石面层	总厚度：设计值的 8%；上面层：设计值的 10%	总厚度：设计值的 10%；上面层：设计值的 20%	8%H	15%H
沥青贯入式面层	8%H 或 5		15%H 或 10	
水泥稳定粒料基层	8	10	15	20
石灰土基层	—	10	—	20

（4）补坑材料：与检查层位的材料相同；

（5）补坑用具：夯、热夯、水等；

（6）搪瓷盘、棉纱等。

2）测试方法

（1）挖坑法厚度测试方法：

① 根据目前相关规范的要求，按随机取样选点法决定挖坑检查的位置，如为旧路，该点有坑洞等显著缺陷或接缝时，可在其旁边检测。

② 选择试验地点，选一块约 40cm×40cm 的平坦表面，用毛刷将其清扫干净。

③ 根据材料坚硬程度，选择镐、铲、凿子等适当的工具，开挖这一层材料，直至层位底面。

④ 用毛刷将坑底清扫干净，并且确认为下一层的顶面。

⑤ 将钢板尺平放横跨于坑的两边，用另一把钢尺或卡尺等量具在坑的中部位置垂直伸至坑底，测量坑底至钢板尺的距离，即为检查层的厚度，以 mm 计，精确到 1mm。

（2）钻芯法厚度测试方法：

① 根据目前相关规范的要求，按随机取样选点法决定挖坑检查的位置，如为旧路，该点有坑洞等显著缺陷或接缝时，可在其旁边检测。

② 按照现场取样的方法用路面取芯钻机钻孔，钻头的标准直径为 10mm，如芯样仅供测量厚度，不做其他试验时，对沥青面层与水泥混凝土板也可以用直径 50mm 的钻头，对基层材料有可能损坏试件时，也可用直径 150mm 的钻头，但钻孔深度必须达到层厚。

③ 仔细取出芯样，清除底面灰土，找出与下层的分界面。

④ 用钢板尺或卡尺沿圆周对称十字方向四处量取表面至上下层界面的厚度，取其平均值，即为该层的厚度，精确到 1mm。

在沥青路面施工过程中,当沥青混合料尚未冷却时,可根据需要随机选择测点,用大螺丝刀插入至沥青层底面深度用尺读数,量取沥青层的厚度,以 mm 计,精确到1mm。

(3) 填补挖坑或钻孔的方法:

① 适当清理坑中残留物,钻孔时留下的积水应用棉纱吸干。

② 对无机结合料稳定层及水泥混凝土路面板,应按相同配合比用新拌的材料封层填补并用小锤压实。水泥混凝土中宜掺和少量快凝早强剂。

③ 对无机结合料粒料基层,可用挖坑时取出的材料,适当加水拌合后分层填补,并用小锤压实。

④ 对正在施工的沥青路面,用相同级配的热拌沥青混合料封层填补并用加热的铁锤或热夯压实,旧路钻孔也可用乳化沥青混合料修补。

⑤ 所有补坑结束时,应比原面层略鼓出少许,用重锤或压路机压实平整。

⑥ 认真做好填补工作,若有遗漏或填补不佳或成为隐患而导致开裂。

(4) 计算及报告:

按式(10-2)计算路面实测厚度 H_{1i} 与设计厚度 H_{0i} 之差为

$$\Delta H_i = H_{1i} - H_{0i} \tag{10-2}$$

式中: H_{1i} 为路面的实测厚度,mm; H_{0i} 为路面的设计厚度,mm; ΔH_i 为路面实测厚度与设计厚度的差值,mm。

当检查路面总厚度时,则将各层平均厚度相加即为路面总厚度。计算一个评定路段检测厚度的平均值、标准差、变异系数,并计算代表厚度。

路面厚度检测报告应列表填写,并记录与设计厚度之差,小于设计厚度为负,大于设计厚度为正。

3. 短脉冲雷达测定路面厚度试验方法

用测量钻孔试件厚度或挖坑法检测路面厚度属于破坏性检验。因此,在沥青路面施工过程中,应尽量不采用破损方法进行检验,以减少对路面造成损坏后留下后患。路面雷达测试技术是一种先进的、高效的、不损坏路面的、连续的检测路面面层厚度的方法。采用短脉冲雷达无损检测路面面层厚度适用于新建、改建路面工程适量验收和旧路加铺路面设计的调查。雷达发射的电磁波在路面层中传播过程中会逐渐削弱、消散、层面反射。雷达最大探测深度是由雷达系统的参数以及路面材料的电磁属性决定的,不适合材料过度潮湿或高含铁量矿渣集料的路面测试。

1) 基本原理

雷达监测路面面层厚度属于反射探测法,其基本原理是:不同的介质具有不同的介电常数,雷达向地下发射一定强度的高频电磁脉冲波,电磁波在地下传播的过程中遇到不同介电常数的界面时,一部分能量产生反射波,一部分能量继续向地下传播。雷达接收并记录这些反射信息,电磁波在特定介质中传播速度是不变的。

2）雷达测试系统组成技术要求

雷达测试系统由承载车、天线、雷达发射接收器和控制系统等组成。

测试系统技术要求和参数：距离标定误差≤0.1%；设备工作温度0～40℃；最小分辨层厚≤40mm；天线为喇叭形空气耦合天线，带宽能适应所选择的发射脉冲波频率。收发器的脉冲宽度≤1.0ns，时间信号处理能力可以适应所需的测试深度。

3）准备工作

（1）距离标定：承载车行驶超过20000km，更换轮胎，或使用超过1年的情况下需要进行距离标定。

（2）安装雷达天线：将雷达天线按照规定安装方法牢固安装好，并将天线与主机的连线连接好。

（3）检查连接线安装无误后打开预热，预热时间不得少于厂商规定的时间。

（4）将金属板放置在天线正下方，启动控制软件的标定程序，获取相应参数。

（5）打开控制软件的参数设置界面，根据不同的检测目的，设置采样间隔、时间窗、增益等参数。

4）测试方法

（1）将承载车停在起点，开启安全警示灯，启动软件测试程序，驾驶员缓慢加速车辆到正常检测速度。

（2）检测过程中，操作人员应记录测试线路所遇到的桥梁、涵洞、隧道等构造物的起终点。

（3）当测试车辆到达测试终点时，操作人员停止采集。

（4）芯样标定：为了准确推算出路面厚度，必须知道路面材料的介电常数，通常采用在路面上钻芯法以获取路面材料的介电常数。具体的方法为：首先把雷达天线放在需要标定的芯样点的上方，然后钻芯，最后将芯样的真实厚度数据输入到计算程序中，推算出路面材料的介电常数或者雷达波在材料中的传播速度。路面材料的介电常数会随集料类型、沥青产地、密度、湿度等而不同。测试过程中，应根据实际情况增加芯样的钻取数量，以保证测试厚度的准确性。

（5）操作人员检查数据文件，文件应完整，内容应正确，否则应重新测试。

（6）关闭测试系统电源，测试结束。

5）计算

由于地下介质具有不同的介电常数，造成各种介质具有不同的导电性，导电性的差异影响了电磁波的传播速度。一般用下式计算电磁波在不同介质中的传播速度：

$$v = \frac{c}{\sqrt{\varepsilon_r}} \tag{10-3}$$

式中：v 为电磁波在介质中的传播速度，mm/ns；c 为电磁波在空气中的传播速度，一般取 300mm/ns；ε_r 为介质的相对介电常数。

根据雷达波在路面面层中的双程走时以及材料的相对介电常数，用下式计算确定面层厚度：

$$H = \frac{\Delta t \times c}{2\sqrt{\varepsilon_r}} \tag{10-4}$$

式中：H 为面层厚度，mm；Δt 为雷达波在路面面层中的双程走时，ns。

短脉冲雷达是目前国内外已普遍用于测试路面结构层厚度的一种无损检测设备。其沥青面层的测试误差一般可控制在 3mm 内，但是其测试效率是传统方法无法比拟的。建议测试的路面厚度小于 10cm 时，宜选用频率大于 2GHz 的雷达天线；路面厚度为 10~25cm 时，宜选用频率大于 1.5GHz 的雷达天线；路面厚度大于 25cm 时，宜选用频率大于 1GHz 的雷达天线。

4. 路面结构层厚度评定

对路段内路面结构层厚度按代表值的允许偏差和单个测定的允许偏差进行评定。

厚度代表值为厚度的算数平均值的下置信界限值，即

$$H_L = \overline{H} - St_\alpha / \sqrt{N} \tag{10-5}$$

式中：H_L 为厚度代表值；$\overline{H}$ 为厚度的算术平均值；S 为标准差；N 为检查数量；$t_\alpha / \sqrt{N}$ 为 t 分布中随测点数和保证率而变化的系数，采用的保证率：高速公路和一级公路基层，底基层为 99%，面层为 95%；其他公路基层，底基层为 95%，面层为 90%。

当厚度代表值大于等于设计厚度减去代表值允许偏差时，则按单个检测值的偏差是否超过极限值来评定合格率计算相应的得分；当厚度代表值小于设计厚度减去代表值允许偏差时，则厚度指标评为零分，即不合格。

沥青面层一般按沥青铺筑层总厚度进行评定，但高速公路和一级公路多分为 2~3 层铺筑，还应进行上面层厚度的检查与评定。

10.3 路面破损检测

10.3.1 路面破损的分类

1. 沥青路面的破损类型

为了便于分析破损原因，进行预测，沥青路面的破损分为以下类型：

(1) 裂缝类：包括龟裂、块裂及各类单根裂缝等。

(2) 变形类：包括车辙、沉陷、壅包、波浪等。

（3）松散类：包括掉粒、松散、剥落、脱皮等引起的集料散失现象、坑槽等。

（4）其他类：包括泛油、磨光及补坑等。

裂缝是路面最主要的破损形式之一，是评价路面状况及使用性能的主要指标。裂缝数量的描述通常采用定性与定量相结合的方法，定性分为轻度、中等、严重3个等级，定量计算采用裂缝率和裂缝度。

龟裂也称网裂，指裂缝与裂缝连接成龟甲纹状的不规则裂缝，且其短边长度不大于40cm者，在路面纵向有平行密集的裂缝，虽未成网，但其距离不大于30cm者，亦属龟裂。块裂为沥青路面的不规则裂缝，裂缝与裂缝连接成网，其短边长度大于40cm、但长边长度小于3m。龟裂与块裂裂缝测定均以面积平方米计。

单根裂缝是指裂缝之间互不连接，或虽有连接但距离在3m以上者，可以细分为横向裂缝、纵向裂缝、接头裂缝、施工裂缝等，裂缝测定以长度米计。横向裂缝的方向与路面中心线大体垂直，是由于沥青路面温度收缩、路面横向施工接缝、沥青路面下的裂缝（基层裂缝或旧路面裂缝）引起的反射性裂缝等引起的裂缝。纵向裂缝的防线与路面中心线大体平行，是由于沥青路面低温收缩、纵向施工接缝、路面车辙边缘等引起的。接头裂缝是指路面与桥梁、涵洞、通道等人工构造物的结构处因沉降产生的裂缝。施工裂缝是由于施工接缝引起的横向或纵向施工接缝处产生的裂缝。边缘裂缝是指靠路肩边缘由于冻胀、基层或路基的承载力不足引起的纵向局部性开裂，根据严重程度计算裂缝的长度或面积。

2. 水泥混凝土路面的破损类型

（1）板面开裂类，包括板角断裂（折角、隔裂）、D形裂缝、纵向裂缝、横向裂缝、断板等。

（2）接缝类：接缝材料损坏、边角剥落、唧泥、错台、拱起等。

（3）表面类：包括表面网状细裂缝、层状剥落、起皮、露骨、集料磨光、坑洞等。

（4）其他类，如板块沉陷等。

破损严重程度分为轻微、中度、严重3种。

水泥混凝土路面的伸缩缝两侧在一定范围内产生多道裂缝，呈D字形，且呈不断扩展趋势，严重时裂缝产生的小块可能脱落或错位移动。D形裂缝是典型的耐久性裂缝，由纵向和横向裂缝发展而产生的，已完全折断成两块及两块以上水泥混凝土面板的现象称为断板。唧泥是指因裂缝或接缝损坏，导致水进入基层，使材料软化形成泥浆，在荷载作用下从缝中或板边缘挤出的现象。接缝材料损坏是指接缝材料不足或挤出、结合料老化、丧失黏结力、接缝脱开或无接缝料、缝被砂石尘土填塞等现象，可细分为横向接缝损坏及纵向接缝损坏。边角剥落是指板边或纵横向接缝两侧0.6m范围内的碎裂，严重时可能造成材料散失。

10.3.2　沥青路面破损调查方法

1. 调查时间的选择

根据目的选择各类破损调查的时间。如对强度不足或疲劳引起的荷载性裂缝(龟裂),宜在春季或雨季最不利季节之后调查;对由于温度收缩引起的非荷载性裂缝(块裂及横向裂缝),宜在冬季以后观测;对车辙、壅包、波浪等热稳定性变形,宜在夏季观测;对松散类破损宜在雨季观测,也可在规定的同一时间观测。需要时还可定期观测,以了解破损情况。为便于裂缝观测,宜选择在雨后(或预先洒水)路表已干但尚有水迹的时机观测。

2. 仪具与材料

(1) 量尺:钢卷尺、皮尺、钢尺等。

(2) 破损记录纸(毫米方格纸)。

(3) 高速摄影车或其他高效测试设备。

(4) 粉笔、扫帚、小红旗等安全标志。

3. 准备工作

(1) 选择测试路段并量测其路面的长度及宽度,计算测试路段总面积。

(2) 在毫米方格纸上按比例绘制破损记录方格,填好里程桩号。

(3) 若路面不清洁妨碍观测时,应用扫帚清扫路面。

(4) 观测前应通报交通管理部门,观测时应有专人指挥交通(必要时可封闭交通),并设置交通安全标志等以确保观测车及观测者的安全。

4. 调查步骤

(1) 采用自动摄影车测试时,进行连续摄影或录像,然后用计算机检测裂缝等各类破损数量。

(2) 人工检测时,由2~4人组成一组,沿路面仔细观察路面各类破损情况。若观测裂缝时,一般以逆光观测较为清楚,对不明显的裂缝,可在裂缝位置用粉笔作出标记。

(3) 目测或用量尺测量测试号路段的路面上各类破损的长度或范围,精确至0.1mm。

(4) 对壅包、波浪、沉陷等变形类损坏除记录面积外,尚应观测壅起高度或下限深度。

(5) 记录破损位置(桩号),就地在方格纸上按比例描绘破损图,记录破损类别。

(6) 根据需要,拍摄照片或录像备案。

5. 计算

测试路段的沥青路面各类破损长度或面积按表10-3分类统计。

表 10-3　沥青路面破损调查统计表

| 路段桩号 | 路面面积 A | 路面结构 | 天气 |
| 检测者 | 计算者 | 校核者 | 检测日期 |

| 破损类型 | | 数量 | | | 裂缝度/(m/km^2) | 裂缝率/(m^2/km^2) | 破损率/% | 壅起最大高度/m | 下限最大深度/m | 破损原因 | 处理意见 |
		长度/m	面积/m^2	加权换算面积/m^2							
裂缝	龟裂										
	块裂										
	横裂										
	纵裂										
	水泥板接缝的发射缝										
	边缘裂缝(啃边)										
变形	车辙										
	壅包										
	波浪										
	沉陷										
松散	掉粒、剥落、松散										
	脱皮										
	坑槽										
其他	泛油										
	磨光										
	补坑										

路面的裂缝率是指路面裂缝总面积与测定区间路面总面积的比值,用 C_k 表示,单位 $m^2/1000m^2$。

沥青路面的裂缝率为

$$C_K = \frac{C_A + 0.3L}{A} \qquad (10\text{-}6)$$

式中:L 为单根裂缝的总长度,m;C_A 为龟裂及块裂的总面积,m^2;A 为测试路段路面面积,以 $1000m^2$ 计算;0.3 为单根裂缝长度换算成面积的影响系数。

路面的裂缝度是指路面裂缝长度与测定区间路面总面积的比值,用 C_d 表示,单位 m/km^2。在没有龟裂和块裂的路面上,沥青路面横向裂缝或纵向裂缝等单根裂缝应按式 (10-7)、式(10-8)计算裂缝度,总裂缝度按式(10-9)计算。

$$C_{1d} = \frac{\sum L_1}{A} \qquad (10\text{-}7)$$

$$C_{2d} = \frac{\sum L_2}{A} \qquad\qquad (10\text{-}8)$$

$$C_d = C_{1d} + C_{2d} + \cdots \qquad\qquad (10\text{-}9)$$

式中：C_{1d} 为沥青路面横向裂缝的裂缝度，m/km^2；C_{2d} 为沥青路面纵向裂缝的裂缝度，m/km^2；$\sum L_1$ 为横向裂缝总长度，m；$\sum L_2$ 为纵向裂缝总长度，m。

沥青路面发生各种类型破损的换算面积与检测区域总面积的百分比称为沥青路面的破损率，按式（10-10）计算。

$$DR = \frac{\sum \sum A_{ij} K_{ij}}{A} \times 100\% \qquad\qquad (10\text{-}10)$$

式中：DR 为沥青路面的破损率，%；A_{ij} 为路面各种损坏类型严重程度的累计面积，m^2；i 为破损类别；j 为破损严重程度，可分为轻微、中度、严重三个等级；K_{ij} 为路面各种损坏类型及不同严重程度的权值，根据有关规范规定选用，如无规定时均取为 1；A 为检测路段路面面积，m^2。

新建沥青混凝土和沥青碎石面层，其表面应平整密实，无明显碾压轮迹，搭接处紧密、平顺，不应有泛油、松散、裂缝、粗细集料集中等现象。对于高速公路和一级公路，有上述缺陷的面积之和不得超过受检面积的 0.03%，其他公路不得超过 0.05%。

新建沥青路面面层，表面应平整密实，无明显碾压轮迹，不应有松散、裂缝、油包、油丁、波浪、泛油等现象。有上述缺陷的面积之和不超过受检面积的 0.2%。

10.3.3　水泥混凝土路面破损调查方法

本方法适用于测定水泥混凝土路面的路面板开裂、接缝损坏等各种破损情况，供路面质量管理与验收、建立路面管理系统和确定路面维修方案时使用。仪器设备与沥青路面破损调查方法相同。

1. 准备工作

（1）选定路段并量测路面的长度及宽度。

（2）如路面不清洁妨碍观测时，可用扫帚清扫裂缝附近路面。

为便于观测，宜选择在雨后路面已干但裂缝尚有水迹的时机观测。观测时应有专人指挥交通（必要时可封闭交通），并设置交通安全标志等以确保观测者的安全。

2. 调查步骤

（1）沿路面纵向 1～2 人负责一块混凝土板宽度，仔细观察裂缝长度及破损面积，精确至0.1m。对伸缩缝接缝处的破坏及边角部已成块的破坏都应单独记录条数、面积。其中接缝拱起还应记录高度。

（2）记录板块号、破损位置，在方格纸中按比例绘制裂缝及破损情况图。

（3）根据需要，拍摄照片后并录像备案。

3. 计算

检测路段路面的各类破损长度或面积，按表10-4分类统计。

表 10-4 水泥混凝土路面破损调查统计表

路段桩号　　　　路面面积 A　　　　路面结构　　　　天气

检测者　　　　　计算者　　　　　　校核者　　　　　检测日期

破损类型		坏板数/块或条	坏缝数/条	数量			裂缝度/(m/km²)	裂缝率/(m²/km²)	断板率/%	坏缝率/(m/km)	坏板率/%
				长度/m	面积/m²	高差/m					
板面裂缝	板角断裂										
	D形裂缝										
	纵向裂缝										
	横向裂缝										
	纵向断板										
	横向断板										
接缝损坏	接缝材料损坏										
	边角剥落										
	唧泥										
	错台										
	拱起										
表面缺陷	网状细裂缝										
	层状剥落、起皮										
	露骨（集料磨光）										
	坑洞										
其他	板块沉陷										

水泥混凝土路面的裂缝及裂缝率为

$$C_D = \frac{\sum L}{A} \tag{10-11}$$

$$C_K = \frac{\sum C_A}{A} \tag{10-12}$$

式中：C_D 为水泥混凝土路面的裂缝度，m/km^2；C_K 为水泥混凝土路面的裂缝率，m^2/km^2；C_A 为板角裂缝、D 形裂缝及完全碎裂的总面积，m^2；$\sum L$ 为水泥混凝土路面板的纵向裂缝、横向裂缝总长度，m；A 为测试路段的总面积，以 $1000m^2$ 计算。

已折断成 2 块及 2 块以上的水泥混凝土路面板的块数与路面板总块数的比值，称为断板率，以百分数表示，按式(10-13)计算：

$$B_D = \frac{D}{S} \times 100\% \tag{10-13}$$

式中：B_D 为水泥混凝土路面的断板率，%；D 为已完全折断成 2 块及 2 块以上的水泥混凝土路面板总数；S 为调查路段的路面板总数。

水泥混凝土路面的横向伸缩缝、纵向接缝发生破坏的总长度与缝的总长度之比称为坏缝率，用 J_K 表示，按下式计算：

$$J_K = \frac{\sum J_{1c} + \sum J_{2c}}{J_1 + J_2} \tag{10-14}$$

式中：J_K 为水泥混凝土路面的坏缝率，m/km；$\sum J_{1c}$ 为水泥混凝土路面的横向伸缩缝破坏的总长度，m；$\sum J_{2c}$ 为水泥混凝土路面的纵向接缝破坏的总长度，m；J_1 为检测路段的横向伸缩缝的总长度，以 1000m 计；J_2 为检测路段的纵向接缝的总长度，以 1000m 计。

已发生破损的水泥混凝土路面板的块数与路面板总块数的比值，称为坏板率，以百分数计，用 B_K 表示。坏板包括已发生板面开裂、断板、接缝损坏、板块沉陷等各种板的损坏情况。坏板率计算如下：

$$B_K = \frac{\sum \sum A_{ij} K_{ij}}{S} \times 100\% \tag{10-15}$$

式中：A_{ij} 为水泥混凝土板各种损坏分别严重程度的累计换算板数，i 表示破损类别，j 表示破损严重程度，可分为轻微、中度、严重三个等级；K_{ij} 为水泥混凝土板各种类型损坏类型及不同严重程度的权值，根据有关规范规定选用，如无规定时均取为 1；S 为调查路段路面板总块数。

新建水泥混凝土路面，混凝土板的断裂块数：高速公路和一级公路不得超过评定路段混凝土板总数的 2‰，其他公路不得超过 4‰。对断裂板应采取适当措施予以处理。混凝土板表面的脱皮、印痕、裂纹、石子外露和缺边掉角等病害现象，高速公路、一级公路上述缺陷的面积不得超过受检面积的 2‰，其他公路不得超过 3‰，并且要求接缝填筑饱满密实，路面侧石直顺，曲线圆滑。

10.4 路面车辙检测

车辙是路面经汽车反复行驶产生流动变形、磨损、沉陷后,在车行道行车轨迹上产生的纵向带状辙槽,车辙深度以 mm 计。

车辙是路面常见的损坏形式,尤其对实行渠化交通的汽车专用公路更为重要。出现车辙的主要原因是行车荷载的多次重复作用、路基和路面各层永久变形的逐步积累。车辙是高级沥青路面的主要破坏形式之一。因为这类路面的使用寿命较长,即使每次行车荷载作用产生的残余变形量很小,而多次重复作用积累起来的残余变形总和也将会较大,足以影响车辆的正常行驶。

1. 仪具与材料

(1) 路面横断面仪:其长度不小于一个车道宽度,横梁上有一位移传感器,可自动记录横断面形状,测试间距小于 200mm,测量精度 1mm。

(2) 路面横断面尺,为硬木或金属制直尺,刻度间距 5cm,长度不小于一个车道宽度。顶面平直,最大弯曲不超过 1mm,两端有把手及高度为 10~20cm 的支脚,两支脚的高度相同。

(3) 激光或超声波车辙仪:包括多点激光或超声波车辙仪,线激光车辙仪和扫描激光车辙仪等类型,通过激光测距技术或激光成像和数字图像分析技术得到车道横断面相对高程数据,并按规定模式计算车辙深度。激光或超声波车辙仪有效测试宽度要求不小于 3.2m,测试不少于 13 个点,测量精度 1mm。

(4) 量尺:钢板尺、卡尺、塞尺,量程大于车辙深度,刻度至 1mm。

(5) 皮尺,粉笔。

2. 检测方法

车辙测定的基准测量宽度应符合下列规定:

对高速公路及一级公路,以发生车辙的一个车道两侧表面宽度中点到中点的距离为基准测量宽度。

对二级及二级以下的公路,有车道区画线时,以发生车辙的一个车道两侧表面宽度中点到中点的距离为基准测量宽度;无车道画线时,以形成车辙部位的一个设计车道的宽度作为基准测量宽度。

以一个评定路段为单位,用激光车辙仪连续检测时,测定断面间隔不大于 10m,用其他方法非连续测定时,在车道上每隔 50m 作为一测定断面,用粉笔画上标记进行测定。根据需要也可在行车道上按随机选点法选取测定断面,在特殊需要的路段如交叉口前后可予以加密。

1）采用路面横断面仪测定方法

（1）将路面横断面仪就位于测定断面上，方向与道路中心线垂直，两端支脚立于测定车道的两侧边缘，记录断面桩号。

（2）调整两端支脚高度，使其等高。

（3）移动横断面仪的测量器，从测定车道的一端移动至另一端，绘出断面形状。

2）采用路面横断面尺测定方法

（1）将路面横断面尺就位于测定断面上，两端支脚置于测定车道两侧。

（2）沿横断面尺每隔 20cm 取一点，用量尺垂直立于路面上，用目光平视测记横断面尺顶面与路面之间的距离，准确至 1mm。如断面的最高处或最低处明显不在测定点上应加测该点距离。

（3）记录测定读数，绘出断面图，最后连接成圆滑的横断面曲线。

（4）当不需要测定横断面，仅需要测定最大车辙时，亦可用不带支脚的横断面尺架在路面上由目测确定最大车辙位置，用尺量取。

3）采用激光或超声波车辙仪的测试方法

（1）将检测车辆就位于测定区间起点前。

（2）启动检测系统并设定参数。

（3）启动车辙和距离测试装置，开动测试车沿车道轮迹位置且平行于车道线平稳行驶，测试系统自动记录出每个横断面和距离数据。

（4）到达测试区间终点后，结束测定。

（5）系统处理软件按图规定模式通过各横断面相对高程数据计算车辙深度。由于造成车辙的原因不同，以及车轮横向分布的不同，车辙形状是不同的。路的横断面图概括了不同形状及不同程度的车辙。

3．测定结果计算整理

根据断面线按图通常为其中之一种形式的方法画出横断面图的顶面基准线。在图上确定车辙深度 D_1 及 D_2，读至 1mm，以其中最大值作出断面的最大车辙深度。求取各测定断面最大车辙深度的平均值作为评定路段的平均车辙深度。

4．报告

（1）采用的测定方法。

（2）路段描述，包括里程桩号、路面结构及横断面、使用年限、交通情况等。

（3）各测定断面的横断面图。

（4）各测定断面的最大车辙深度表。

（5）各评定路段的最大车辙深度及平均车辙深度。

复习思考题

1. 路面厚度检测有哪几种方法?
2. 简述雷达检测路面厚度的基本原理。
3. 试简述路面系数的测定方法和误差产生的原因以及如何避免。
4. 沥青路面的破损类型有哪些?
5. 试简述沥青路面和水泥混凝土路面的破损调查方法的异同。
6. 路面车辙检测方法有哪些? 并对比各自的优缺点。

参 考 文 献

[1] JTG F80/1—2017 公路工程质量检验评定标准　第一册　土建工程[S].北京:交通运输部公路科学研究院,2017.

[2] 吴玉峰,张华峰,王文辉.浅析试验检测对公路工程质量的重要性[J].科技信息,2009(7):308.

[3] JTG 3450—2019 公路路基路面现场测试规程[S].北京:交通运输部公路科学研究院,2019.

[4] 李强.路基路面检测技术与质量控制[D].西安:长安大学,2002.

[5] JJF 1001—2011 通用计量术语及定义[S].北京:国家质量监督检验检疫总局,2012.

[6] 李荣,卢毅,宋萍.多功能路面状况检测技术的发展[J].测绘地理信息,2013,38(4):78-81.

[7] 李德宝.路面检测技术的发展现状[J].黑龙江交通科技,2010,33(12):2-3.

[8] 潘晓军.基于超声波技术的沥青混凝土路面无损检测研究[D].西安:长安大学,2014.

[9] 郭晓帅,郏亚坤.公路施工质量控制的无损检测方法[J].土工基础,2013,27(4):131-133.

[10] 郭隐彪.激光检测技术的发展[J].激光与光电子学进展,2006(10):71-73.

[11] 梁新政,潘卫育,徐宏.路面无损检测技术新发展[J].公路,2002(9):95-98.

[12] 黄春晖.路桥检测中雷达检测技术的应用研究[J].科技资讯,2016,14(28):16,18.

[13] 王涛.探地雷达检测高速公路水泥混凝土路面研究[J].黑龙江交通科技,2010,33(3):40-41.

[14] 王波,刘晓红.新形势下公路施工质量控制的无损检测方法研究[J].低碳世界,2015(33):132-133.

[15] 杜豫川,刘成龙,吴荻非,等.基于车载多传感器的路面平整度检测方法[J].中国公路学报,2015,28(6):1-5.

[16] 陈少幸,张肖宁,徐全亮,等.沥青混凝土路面光栅应变传感器的试验研究[J].传感技术学报,2006(2):396-398,410.

[17] 高俊启,施斌,张巍,等.分布式光纤传感器用于桥梁和路面的健康监测[J].防灾减灾工程学报,2005(1):14-19.

[18] 李传林.基于内部传感测量的沥青路面结构试验方法研究[D].西安:长安大学,2008.

[19] 刘桂霞.水泥混凝土路面检测技术分析[J].黑龙江交通科技,2011,34(9):95-96.

[20] 蔡建中.水泥路面早期损坏原因及检测修复新工艺[J].江西建材,2008(3):85-87.

[21] 魏平.多功能检测车在城市道路检测中的应用[J].城市地理,2015(10):13.

[22] 杨晓光.红外热像仪在沥青路面施工质量控制中的应用研究[D].哈尔滨:哈尔滨工业大学,2016.

[23] 刘书堂.红外热成像检测技术在沥青路面施工质量控制中的应用研究[D].西安:长安大学,

[24] 马建.高等级路面激光检测技术及成套检测装备研究[D].西安:长安大学,2010.

[25] 倪一超,颜习.沥青混凝土路面检测技术[J].中国新技术新产品,2010(8):55.

[26] 薛小刚.沥青混合料级配优化及配合比设计方法研究[D].西安:长安大学,2005.

[27] 芦军.沥青路面老化行为与再生技术研究[D].西安:长安大学,2008.

[28] 吴桂金.燃烧法测定沥青混合料中沥青含量应用的探讨[J].公路,2004(6):123-127.

[29] 李永前.沥青混合料中沥青含量测定方法浅析[J].公路,2005(8):357-360.

[30] 许涛,黄晓明.沥青混合料水损害性评价方法研究[J].公路,2003(S1):13-17.

［31］朱洪洲,黄晓明.沥青混合料高温稳定性影响因素分析［J］.公路交通科技,2004(4)：1-3,8.

［32］交通部公路科学研究所.公路工程沥青及沥青混合料试验规程［M］.北京：人民交通出版社,1984.

［33］李洪华.沥青路面车辙成因分析及车辙试验研究［D］.西安：长安大学,2008.

［34］杨瑞华,许志鸿,李宇峙.沥青混合料水稳定性评价方法研究［J］.同济大学学报(自然科学版),2007(11)：1486-1491.

［35］蒋俊,林家胜,毛志刚.不同类型沥青混合料冻融劈裂试验研究［J］.中南公路工程,2005(2)：95-97.

［36］JTG E42—2005 公路工程集料试验规程［S］.北京：交通部公路科学研究所,2005.

［37］张峰.公路工程中的平整度评价指标［J］.公路与汽运,2004(2)：42-44.

［38］周晓青,孙立军,颜利.路面平整度评价发展及趋势［J］.公路交通科技,2005(10)：18-22.

［39］丁亚深.连续式平整度仪在高速公路中的应用［J］.林业科技情报,2002(2)：116-118.

［40］刘云,钱振东.路面平整度及车辆振动模型的研究综述［J］.公路交通科技,2008(1)：51-57.

［41］李强,潘玉利.路面快速检测技术与设备研究进展及分析［J］.公路交通科技,2005(9)：35-39.

［42］刘宛予,张磊,谢凯,等.路面平整度检测技术及其发展现状分析［J］.工业计量,2007(1)：9-12.

［43］周波,朱先祥,孙文.车载式颠簸累积仪在路面平整度检测中的应用［J］.合肥工业大学学报(自然科学版),2004(9)：1095-1098.

［44］许翠云.车载激光平整度仪的设计与实现［D］.南京：南京理工大学,2012.

［45］孟华君,罗语丹.车载式激光平整度仪与 MMTS 多功能检测系统可靠性分析［J］.公路与汽运,2015(1)：115-118.

［46］JT/T 840—2012 车载式路面激光构造深度仪［S］.北京：中华人民共和国交通运输部,2012.

［47］华南理工大学.用数字图像技术测量评价路面表面构造深度的方法.CN00117594.7［P］.2004-03-17.

［48］胡昌斌.道路与桥梁检测技术［M］.北京：人民交通出版社,2007.

［49］周绪利,宿健,金桃,等.公路工程检测技术［M］.北京：人民交通出版社,2009.

［50］王维峰,严新平,初秀民,等.基于分形理论的沥青路面微观形貌特征描述与求解方法［J］.吉林大学学报,2010(6)：1538-1542.

［51］吕悦晶,应保胜,邹丽琼,等.随机荷载作用下沥青路面应力应变分析［J］.公路工程,2018(1)：95-101.

［52］沙爱民,江晓霞.路面动态特征分析［J］.交通运输工程学报,2001,1(2)：63-67.

［53］周华飞,蒋建群,毛根海.路面不平整引起的车辆动荷载分析［J］.中国市政工程,2002(3)：10-13.

［54］于清,曹源文.不平整路面上的汽车动荷载［J］.重庆交通大学学报：自然科学版,2003,22(4)：32-34.

［55］陶向华,黄晓明.车辆动载荷的频域模拟计算与分析［J］.土木工程与管理学报,2003,20(4)：47-50.

［56］JJG 104—2015 路面渗水系数测量仪［S］.北京：中华人民共和国交通运输部,2015.

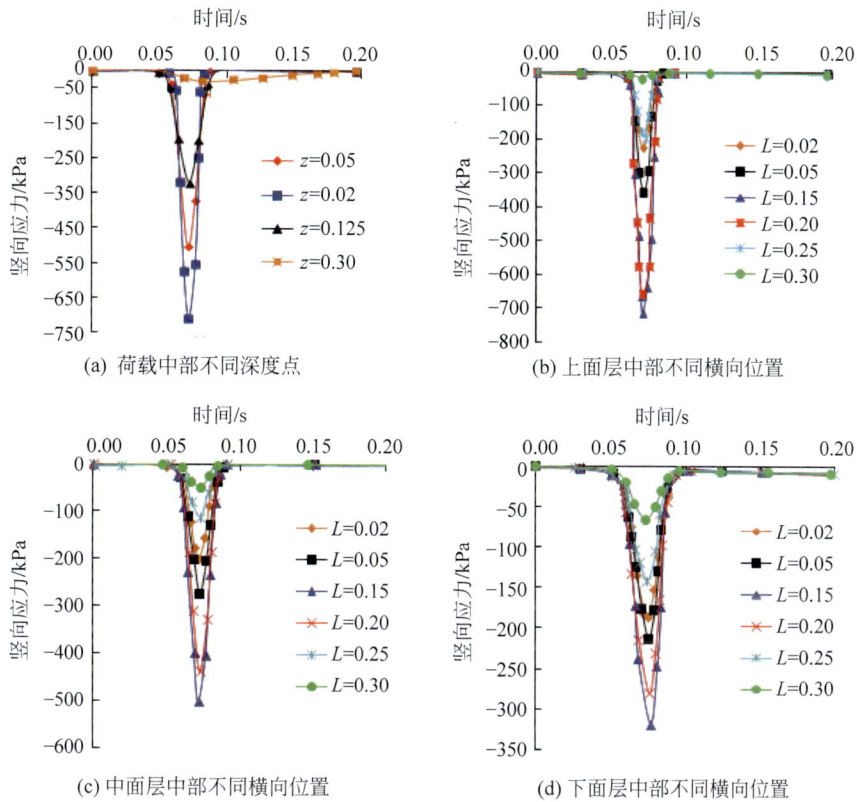

(a) 荷载中部不同深度点

(b) 上面层中部不同横向位置

(c) 中面层中部不同横向位置

(d) 下面层中部不同横向位置

图 9-7　沥青路面竖向应力变化时程曲线

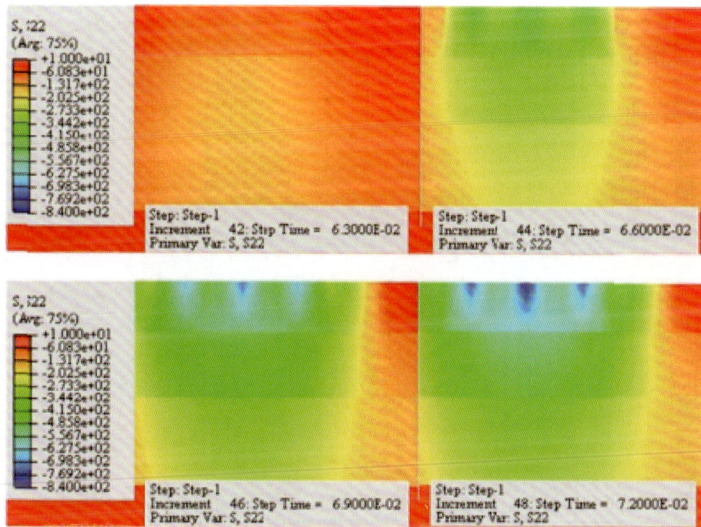

图 9-8　沥青路面竖向应力变化云图

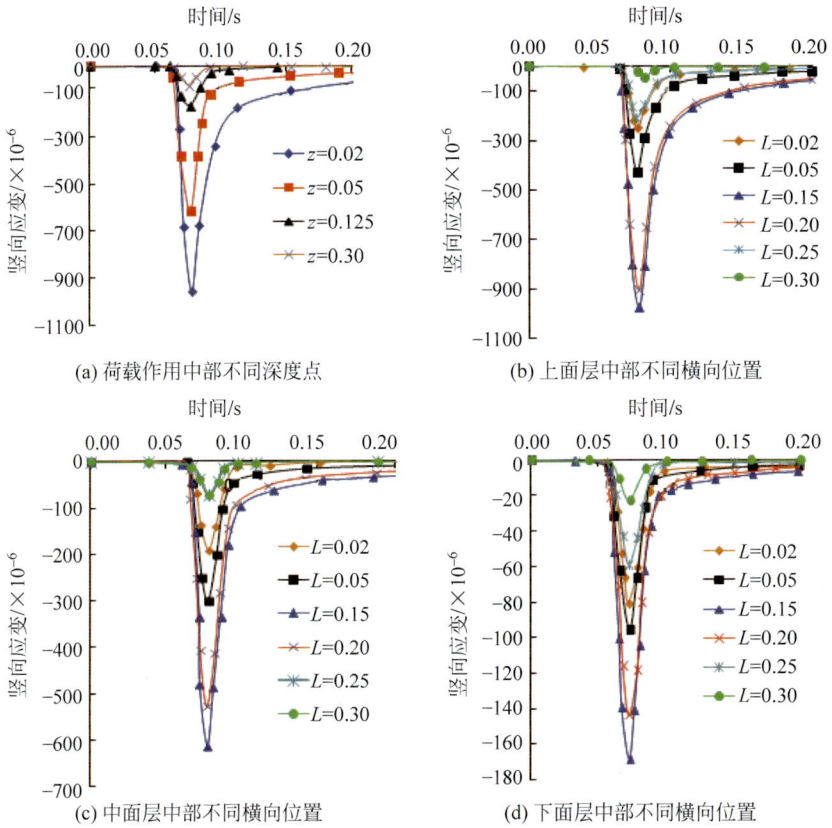

(a) 荷载作用中部不同深度点   (b) 上面层中部不同横向位置

(c) 中面层中部不同横向位置   (d) 下面层中部不同横向位置

图 9-9　沥青路面竖向应变变化时程曲线

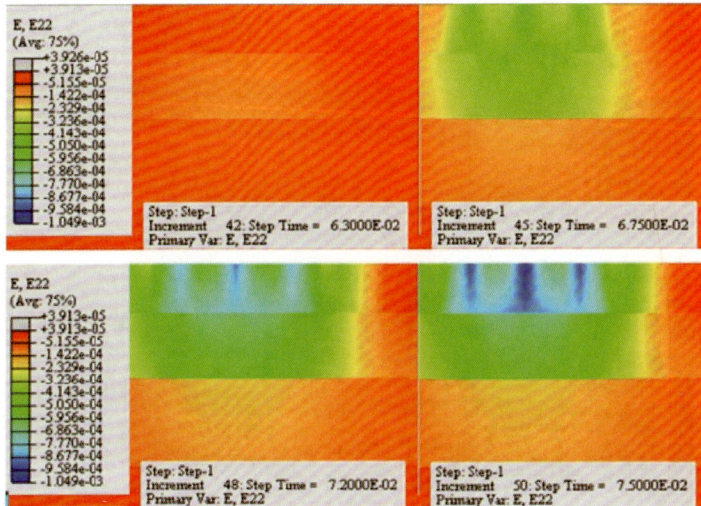

图 9-10　沥青路面竖向应变变化云图

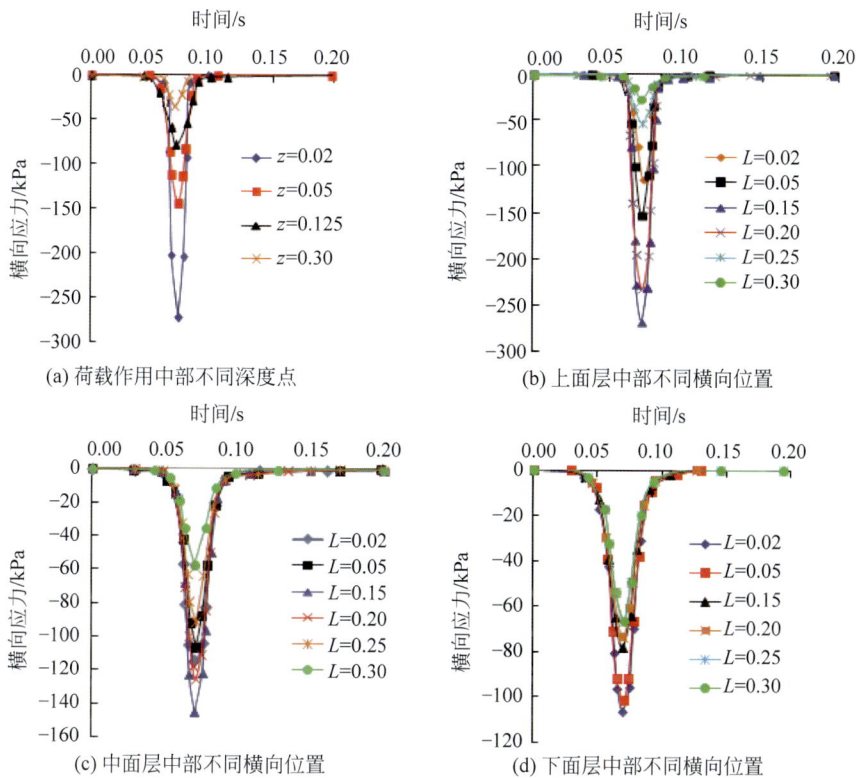

(a) 荷载作用中部不同深度点

(b) 上面层中部不同横向位置

(c) 中面层中部不同横向位置

(d) 下面层中部不同横向位置

图 9-11　沥青路面横向应力变化时程曲线

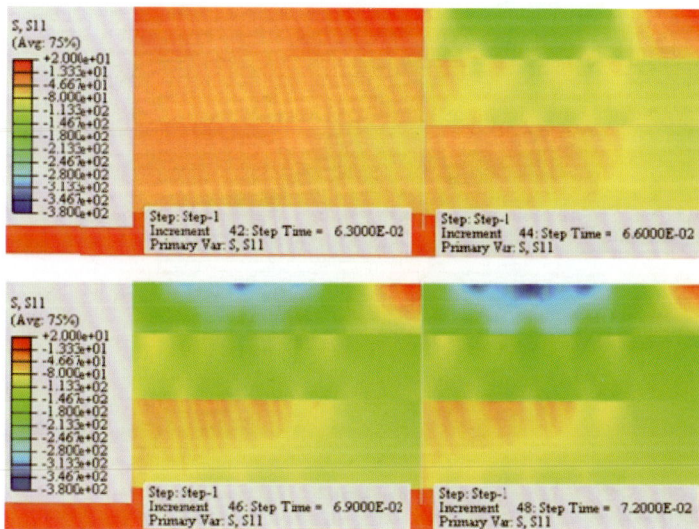

图 9-12　沥青路面横向应力变化云图

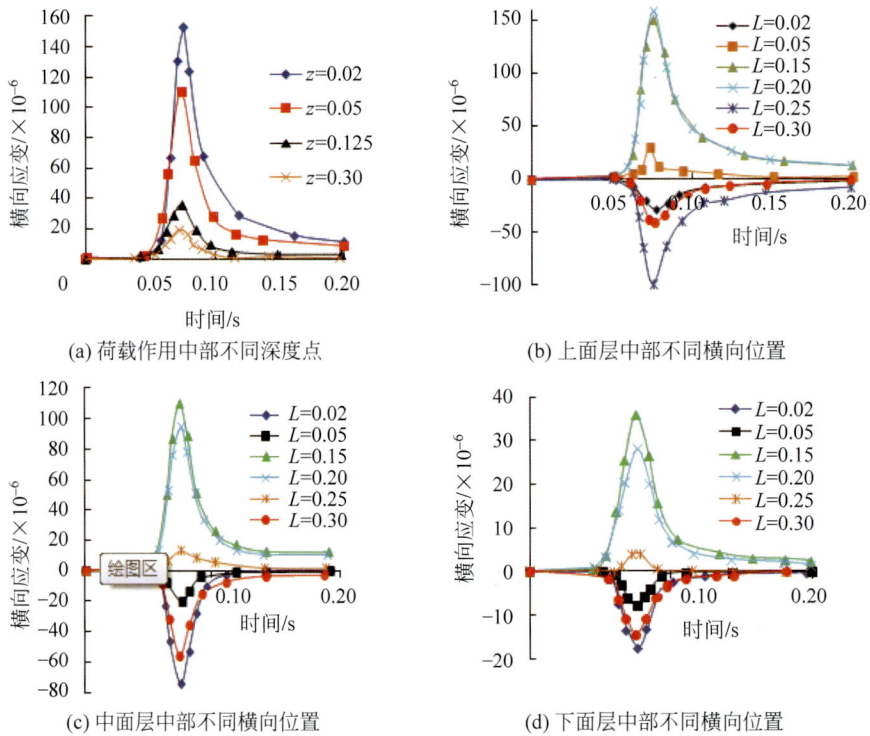

(a) 荷载作用中部不同深度点

(b) 上面层中部不同横向位置

(c) 中面层中部不同横向位置

(d) 下面层中部不同横向位置

图 9-13　沥青路面横向应变变化时程曲线

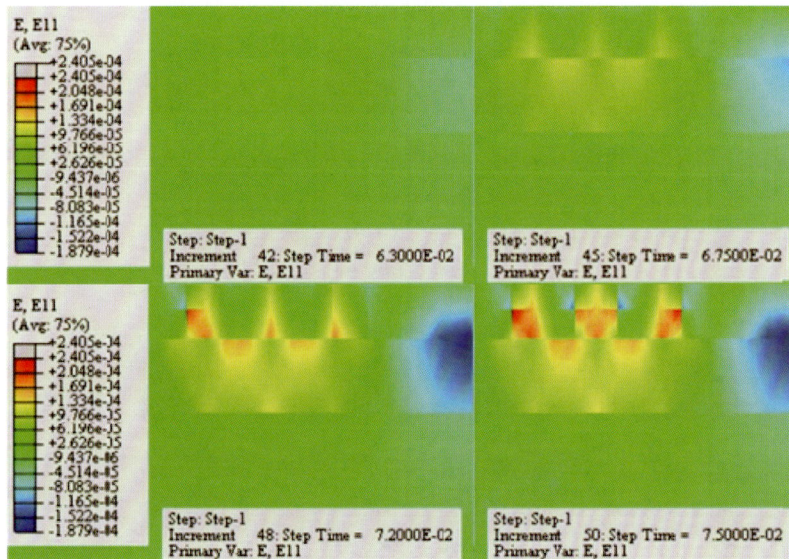

图 9-14　沥青路面横向应变变化云图

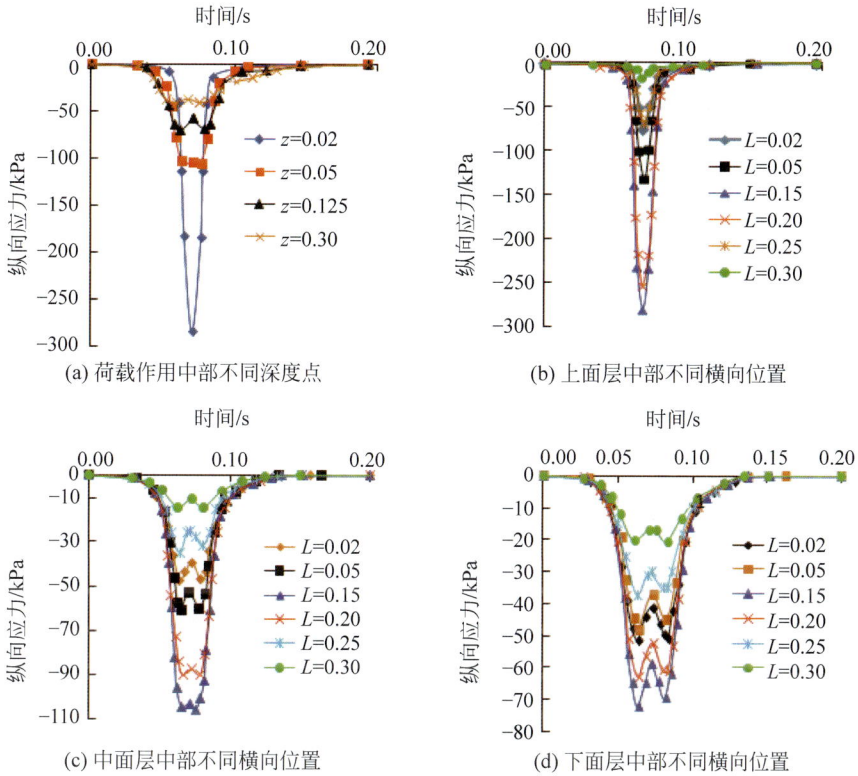

(a) 荷载作用中部不同深度点

(b) 上面层中部不同横向位置

(c) 中面层中部不同横向位置

(d) 下面层中部不同横向位置

图 9-15　沥青路面纵向应力变化时程曲线

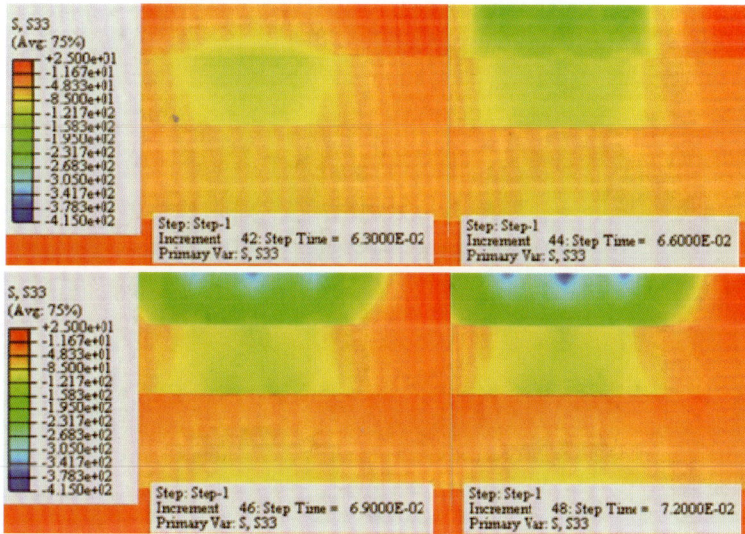

图 9-16　沥青路面纵向应力变化云图

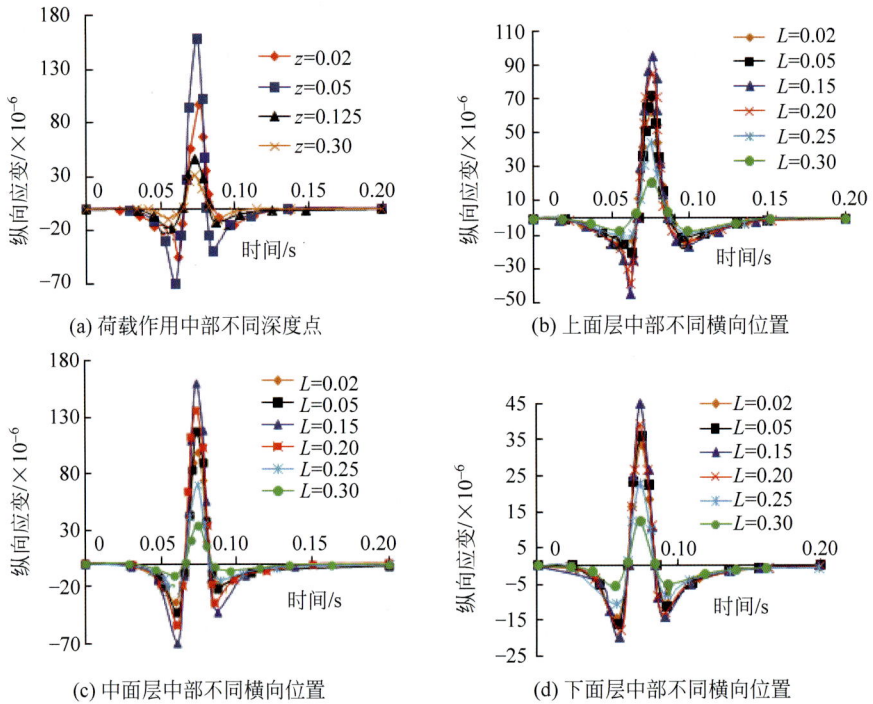

(a) 荷载作用中部不同深度点

(b) 上面层中部不同横向位置

(c) 中面层中部不同横向位置

(d) 下面层中部不同横向位置

图 9-17　沥青路面纵向应变变化时程曲线

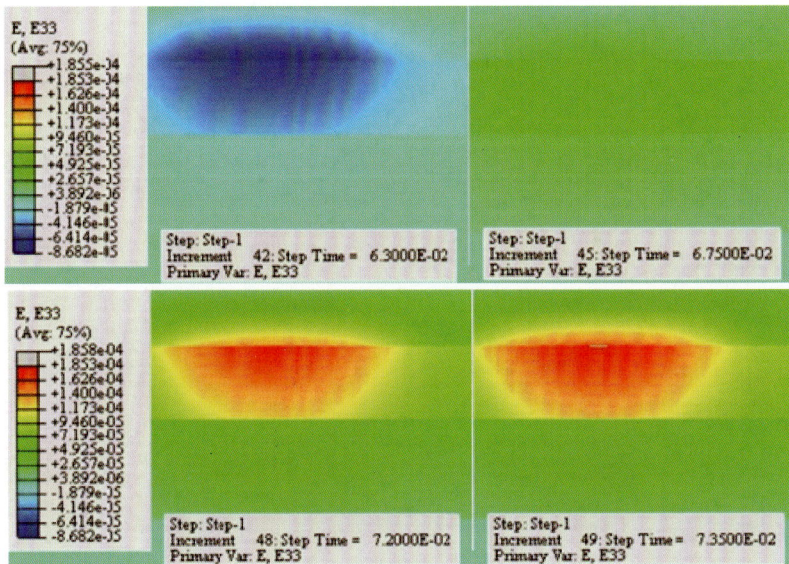

图 9-18　沥青路面纵向应变变化云图